英語
リーディングの
認知科学

文字学習と多読の効果をさぐる

［著］門田修平・髙瀬敦子・川﨑眞理子

Kurosio

まえがき

　本書は、英語など第二言語のリーディングの習得をささえる認知プロセスについて検討しようとするものです。中でもとりわけ、読みの入口にあたる文字言語のディコーディング（音韻符号化）や、読みの情報処理を支えるワーキングメモリシステムについて重点的に取り上げます。その上で、新たに導入された小学校英語活動・教育における文字学習と、英語の潜在的・非明示的習得を促進する多読・多聴学習をどのように実践すると効果的かについて解説したいと思います。

　著者のうち1人（門田）は、2001年に野呂忠司氏との共編著で、『英語リーディングの認知メカニズム』（くろしお出版）を上梓しました。英語リーディングの研究動向をまとめた、この前著の刊行から約20年が経過し、本書は当初、その改訂版の刊行という企画趣旨から、『新・英語リーディングの認知メカニズム』というタイトルを念頭に置いていました。しかし、英語リーディング研究の最新動向を、上記本と同様に1冊にまとめるとなると、今日では1000ページを超える大著となることが予想され、ほとんど現実的ではないと判断しました。

　その代わり、認知メカニズムとしては、入門期の文字認識から熟達したリーディングに至る発達過程や、文字インプットの音韻符号化とそれに対する音読の効果、リーディングを支えるワーキングメモリとそのトレーニング効果などに絞って、重点的に取り上げることにしました。そしてその成果の応用として、小学校英語活動・教育における文字学習の効果的方法を探り、大量のインプット処理を実現する多読・多聴学習の効果を、学習開始時から中、高、大を経て、その一里塚とも言うべき100万語に至るまでたどり、成功に導く鍵について、これまで蓄積された実践について報告しています。以上のようなポイントを絞った扱いにすることで、リーディングにもとづく、英語、日本語など第二言語の習得に、今後どのような展望が開けるか、

そのコアとなる部分を明らかにしようとしています。

　著者達のこのような試みがどこまで成功しているかは、最終的には読者の皆様、とりわけ主な対象である、小・中・高・大の英語教員や教員志望者、さらに大学その他の日本語教員や教員志望者の皆様のご判断にお任せしたいと思います。

　最後になりますが、くろしお出版・池上達昭さんには、提出された原稿を現実に書籍化しようとした 2020 年から 21 年にかけて、世界全体を覆い尽くしたコロナ禍に直面する中で、このお仕事を着実に進めていただいたこと、ここに厚くお礼申し上げます。

2021 年 9 月
著者を代表して
門田修平

目　次

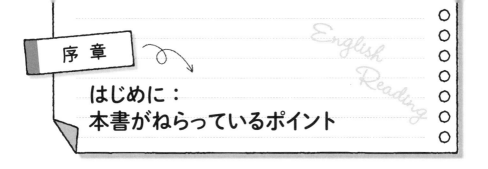

はじめに：
本書がねらっているポイント

1. リーディング（黙読）プロセスをシンプルに表現すると?

　本書がその対象としている、リーディング（黙読）のプロセスをできるだけシンプルにモデル化する（simple view of reading model）と、**図1**の2つの段階、つまり、符号化（decoding）と理解（comprehension）から成り立っていることがわかります。

| 黙読 | = | 符号化（ディコーディング） | + | 理解（コンプリヘンション） |

図1　黙読の主要プロセス

　これはちょうど、ことばを聞いて理解するリスニング（listening comprehension）が、大きく、次の2つの段階に分けられるのと同様です。

(1) 知覚（perception）
(2) 理解（comprehension）

すなわち、リスニングにおいては、まず (1) で、耳から聞こえてきた音声を、心の中の言語処理システムにインプットし、どんな発音が含まれているかを頭の中に表示させ（心内表象：mental representation）、その次に (2) で、インプット音声の意味内容を把握するために、語彙・統語（文法）・意味内容・前後文脈、スキーマ（関連する背景情報）など各種言語情報を駆使して総合的に理解する2段階があります（門田, 2015）。
　同様に、リーディングも、(1) 眼球停留（eye fixation）により、書かれ

た文字を知覚（視覚認知）し、すぐに音韻符号化して心内表象を形成する段階があります。これは、リーディングの低次プロセス、下位レベル処理、さらにボトムアップ処理といった言い方をされるときもあります。そうして、(2) の理解では、リスニングの場合と同様に、各種言語情報を駆使した総合的理解が実行されるのです。

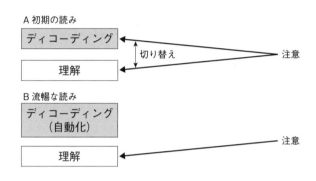

図 2　読みと注意に関するモデル（Samuels, 1994 に基づく）

　上の**図 2** は、Samuels（1994）による有名な、「読みと注意（reading and attention）に関するモデル」です（門田, 2015: 114 参照）*[1]。

　入門期の読み手は、音韻符号化にまつわるディコーディングに多くの認知資源を使ってしまい、そのぶん英文の内容理解を並列的に実行することができず、常に両者のスイッチを切り替えて行きつ戻りつしています。これに対し、流暢な読み手は、ディコーディングがほぼ自動化されており、その処理にことさら注意を払わなくても、無意識のうちに効率的な処理が行われているというのです。

　そうすると、**図 1** のシンプルモデルでも、ディコーディングという、リーディングの入口にあたる処理が重要な鍵を握っており、のちの理解過程の前提になることがわかります。すなわち、効率的で流暢な読みがうまく作動す

＊1　流暢なリーディングの概要を示す Samuels によるモデルは、後に改訂版が出されている（Samuels, 2006）が、ここではディコーディングと理解の関係を簡潔に示した Samuels（1994）を引用した。

るためには、効率的で自動的なディコーディングが必須条件となってくるのです。

　本書では、この音韻符号化を中心とするディコーディングの自動化が持つ意味は、主に**第1章及び第2章**において詳しく検討したいと思います。

2.　書きことば処理の抽象性：話しことばと対比して

　近年の脳神経科学の成果からも、リーディングという書きことばの処理は、人の大脳にもともと備わったしくみではなく、本来は視覚情報や空間的情報の処理のために使われる脳領域を転用して活用し、そこから音声言語処理のための脳領域に連結させていることが指摘されています（**第2章及び**Dehaene, 2009, 2013を参照）。言い換えると、私たち人間が書きことばを処理するときは、**1.** のディコーディングの項で示唆したように、基本的には話しことばに還元しながら実行しています。

　リーディングの対象となる文字言語を、音声言語の処理と比較対照した場合、まず言えることは、文字言語の抽象度が高いということです。文字言語は、実は、音声言語の一部を表記しているにすぎないという現実があります。

　話しことばでは、母音・子音など個々の分節音（segmental sounds）、文法・意味、前後のコンテキストなどの言語内の情報だけが、相手のメッセージを理解する手掛かりではありません。話しことばを成立させている言語音声には、母音・子音に分割できる分節音と、文や節全体を特徴づける非分節音（non-segmental sounds）、すなわちプロソディ（prosody：韻律）の2つがあります。

　分節音については、アルファベット文字の場合、母音字や子音字を使うことで発音を表記することは不完全ながらもほぼ可能です。しかしながら、プロソディは、書きことばでは、コンマ、ピリオドなど句読点を使ってある程度は文・節・句の境界を表記することができますが、それ以上は無理です。実際、英語音声コミュニケーションで重要な役割を果たしているのは、分節音をのせる土台となる、デシベル（dB）で表す音の強さ（intensity あるいは loudness）、秒やミリ秒で示す長さ（duration）、ヘルツ（Hz）で表す高さ

（ピッチ：pitch）、及びそれらを変化させて作る、強弱・弱強などのリズム（rhythm）、ピッチの高低変化のパターンであるイントネーション（intonation）等になります。

　たとえば、次の文は、文字言語の場合は文法的曖昧性があり、2通りの意味に解釈できます。次の（1）（2）のような意味です（**図3**参照）。

> The hostess greeted the guest with a smile.

（1）　with a smile が、副詞句として greeted を修飾する解釈で、「（パーティーなどの）その女主人は、にこやかに客にあいさつした」という意味を表す。

（2）　with a smile の部分が、形容詞句として the guest にかかっているという解釈で、「その女主人は、にこやかに笑っている客に対してあいさつした」という意味を表す。

　音声言語の場合は、（1）の意味のときは、The hostess greeted the guest / with a smile. と言うように guest と with の間で文法的切れ目があるので、この切れ目に意識的にポーズを置いてこの切れ目を示すことができます。あるいは、ポーズを置かなくても、guest にアクセントを置いて発音しても同様に切れ目を示すことができます。この場合、アクセントの付与は、guest の発音時間を引き延ばすことでほぼ達成されます。

図3　The hostess greeted the guest with a smile の2通りの解釈

　これに対し、(2) の意味のときは The hostess greeted / the guest with a smile. と言うように greeted と the の間に文法的切れ目があります。したがって、ここでポーズを置かなくても、greeted にアクセントを置き、この語の発音を引き延ばすことで、切れ目の位置を知らせることができるのです。

　話しことばのように、曖昧性を排除するプロソディが存在しない（引き延ばした発音をするといった手立てがない）書きことばでは、書き手は、できるだけ曖昧性が生じないように、慎重に語彙・構文を選ぶ必要があります。

　ちなみに、日本語でも同様の文法的曖昧文はあります。

> ニューヨーク大学で研究した内容を発表した。

　この文では、発表したのがニューヨーク大学か、研究したのがニューヨーク大学なのかはっきりしません。書きことばでは、「研究した内容をニューヨーク大学で発表した」「ニューヨーク大学で研究した内容を、発表した」など曖昧さが生じないよう語順などに気を配りますが、話しことばでは、上記のようなプロソディを駆使することでこのような曖昧さを解決することができます。

　プロソディ以外でも、喜怒哀楽など話し手の感情を表すパラ言語（准言語：paralanguage）や、さらに（電話などを除く）対面のコミュニケーションでは、話されている環境、状況などの知識、話し手の示すジェスチャ（gesture：身振り・手振り）、顔表情、服装・身なり、年齢・社会的地位・役職など、言語内・言語外のあらゆる情報が、メッセージ理解のために活用されます。音声コミュニケーションにおいては、これらすべてを総合・分析して、インプット音声の意味理解を、聞き手は行っているのです。

　話しことばの処理では、上記のように様々な情報を活用して、意味理解を実現しています。他方、書きことばの処理は、意味理解の手掛かりとしては、話しことばほど豊富に提供されるわけではない、不十分な文字情報（ほぼ分節音に相当する情報のみ）に基づいて、読み手自身がことば（音声言語）として再構築していくプロセスだと言えます。つまり、音声言語を処理する聞

き手に比べると、読み手がどのように再構築するかに大きく依存した（reader-dependent）、認知的な負担の大きいプロセスだと考えられるのです。

3. リーディングにおける読み手依存の実態：読み手の眼球運動からわかること

　この読み手依存の実態は、読解時の読み手の眼球運動を調べてみると非常によくわかります。書きことばによるコミュニケーションであるリーディングでは、読み手は文を目で追いながらも、比較的自由に先に（右に）進んだり、前に（左に）戻ったりすることが可能です。このような「行きつ戻りつ」という現象は、リーディング時の眼球運動の顕著な特徴です。つまり、ほぼすべての単語に眼の焦点を置きます（停留）が、その動きはなめらかに1語1語連続的に進むわけではありません。左から右へ鋭角的に直進するときもあれば、また逆戻りをしたり、同じ単語ばかりに繰り返し停留してみたりするといった具合です。眼球のこのような動きの中で、全読書時間の90パーセント以上を占めるのが停留（fixation）している時間で、この間に文字言語の処理が行われています。

　図4は、優れた読み手と劣った読み手（ともに英語母語話者）の眼球運動を記録したサンプルです。

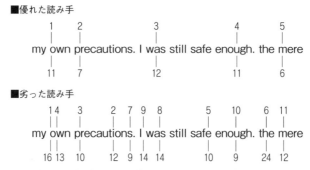

図4　優れた読み手と劣った読み手の典型的な停留点と時間（Tinker, 1965 に基づく）
なお、上の数字は眼球の移動順序を示し、下の数字は眼球の停留時間（単位：1/50 秒）を表す。

英語母語話者が同じ文を読む場合でも、処理能力の高低により、明らかに眼球の停留回数、停留時間、逆戻り数などで、大きな差があることがわかります。

優れた読み手は一般に、次のような特徴を持っています。

(1)　眼球の停留回数が少ない（言い換えると、眼球の停留から次の停留までの幅を示すサッカードが長い）
(2)　1つ1つの停留時間が短い
(3)　逆戻りの数が少ない
(4)　劣った読み手に比べて、停留点の右側で、次の停留点の位置を決める役割を持つ停留点の右側の文字情報の活用が上手である

なお、眼球の停留点は目の中心窩（fovea）での知覚に相当し、その周辺の視野が傍中心窩（parafovea）での知覚になります[2]。この傍中心窩での知覚が実は重要で、ここでの視覚処理を通じて眼球の次の停留点を決める働きがあります。この処理がスムーズにできることが、図4の優れた読み手のような、効率的な読みをもたらすと言われます。典型的には、英語母語話者は、1回の停留によってほぼ1.12語から1.2語を知覚し、それぞれの停留地点の右側であれば、4〜6文字分程度知覚するというデータが報告されています（Just & Carpenter, 1980）。

ただ、眼球運動の測定値が向上するのは、英語母語話者の場合、ほぼ小学5年生位までです。それ以降、大人になっても眼球運動データには目立った向上は見られなくなるようです。しかし、1分間で読む速度が1000語を超えるような、極めて特別な速読訓練を受けた大人の場合には、260語から成る英文テキストをわずか14回の停留回数で読むというように極端に少ない例も報告されています（Taylor & Taylor, 1983）。

---

[2]　人の視野には、(a) 中心窩（fovea）、(b) 傍中心窩（parafovea）、(c) 周辺視野（peripheral）の3つの領域がある。このうち、周辺視野には、感覚受容器（receptor）がほとんど詰まっておらず、文字などの識別で主に働くのは、(a) 中心窩と (b) 傍中心窩である。中心窩は、知覚能力が最も鋭敏で眼球の焦点（停留点）を形成する。これに対し、傍中心窩は、中心窩の周辺を知覚するものである。

8

　母語ではなく第二言語（英語）におけるリーディング時の眼球運動はどうでしょうか。日本人英語学習者の英文テキストの読みの実態に関する基礎データを提供したものとして、門田・西山（2005）があります。収集データは、読みの速度（秒単位の処理語数・文字数）とともに、読解時の眼球運動のデータとして、1単語・1文字あたりの平均停留回数、平均停留時間、サッカード幅、語・文字あたりの平均逆行回数などでした。

　実験参加者は、日本人大学生・大学院生計18名で、全員が裸眼視力0.5以上で、PC画面に視覚的に提示された英文を眼鏡やコンタクトレンズなしで知覚するのに全く問題はありませんでした。英文テキストは、TOEICの読解問題から約120〜130語の英文と約50〜70語の英文をそれぞれ4つずつ用意して、パソコン画面に提示しました*3。

　使用した、120〜130語の英文テキストサンプルは、次のとおりです。

　Central heating systems using gas are increasingly popular these days. They are easy to take care of and economical. Compared to electrical systems, they do not depend on such carefully insulated construction to reduce bills. Electric heating in any house more than thirty years old is inefficient and expensive. Burning wood actually reduces heat in homes unless traditional fireplaces are refitted with special stoves. Oil-fired systems are also expensive to operate and difficult to fix. Moreover, they are sometimes dangerous to fix if they break down. For new construction, more and more people are exploring solar heating. It can provide some heat but needs a backup. In any kind of house, thermal insulation will lower fuel bills in the winter and air conditioning costs in the summer.（127語）

＊3　EMR-8 による眼球運動計測の手順の概略については、門田（2010: 108-110）を参照。

図5　眼球運動計測の様子
（門田ほか, 2007: 283）

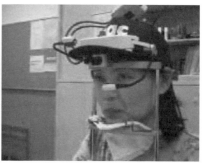

図6　頭部にヘッドセットを装着
（門田ほか, 2007: 283）

図7　英文読解時の眼球停留点（アイマーク）表示画面
（門田・西山, 2005: 213）

　図5は、筆者が眼球運動の計測をしたときの様子で、また、図6は、実験参加者の頭部にヘッドセットを装着したところです。

　図7の写真では、英文の1行目右側に眼球の停留点（アイマーク）が表示されています。

　次の表1（次ページ）に、大学・大学院レベルの日本人学習者の、英語リーディングについての眼球運動の基礎データを掲載しています。

　この表から、日本人学生（大学・大学院生）は、平均して1語につきほぼ1.6回停留していることがわかります。英語母語話者が、1回の停留あたり、ほぼ1.12語から1.2語を知覚しているのと比較すると、停留1回あたり、約0.62語と、当然ですが、かなり少ない語数になることがわかります。ちなみ

に、1回の停留時間は、平均約 333 ミリ秒（0.333 秒）で、英語母語話者と比べると 1.3〜1.6 倍の時間停留していることがわかります（**第 2 章表 5** 参照）。

表1　日本人学生の英文読解速度及び眼球運動：
基礎データ（門田・西山, 2005）

項目	平均値
1 秒あたりの読語数（語数/秒）	1.844
1 秒あたりの読文字数（字数/秒）	9.241
停留数	145.275
語あたりの平均停留数	1.609
文字あたりの平均停留数	0.270
平均停留時間（秒）	0.333
逆戻り数	33.847
語あたりの平均逆戻り数	0.380
文字あたりの平均逆戻り数	0.064

　以上のようなリーディング中の眼球運動基礎データとしては、今後もさらに、次のようなデータを継続して収集することが必要であると思われます。

(1)　内容語・機能語など品詞別の停留数や時間
(2)　眼球運動停留データと、テキストの理解度との関係
(3)　英文の難易度（リーダビリティ）と、停留など眼球運動データとの関係

　序章では、リーディング（黙読）プロセスのシンプルビューモデル（simple view model）を提示するとともに、それが対象としている書きことばを読解するときの認知プロセスを、話しことばとの差違を念頭に置いて、解説しました。特に音声言語を処理するときに比べると、プロソディ（韻律）やジェスチャなどの具体的手掛かりが欠如した書きことばの処理では、言語インプットの受け手（読み手）への「依存度」が高くなります。これは、それだけ抽象度の高い認知的負担の大きな脳内処理操作が必要である可能性を示唆していると言えるでしょう。

4.　本書のおおまかな内容構成

　本書では、この後、次のような内容構成となっています。

　第1章では、リーディングのディコーディングに焦点を当て、まず文字認識（識字）のしくみを、私たちの母語である日本語及び英語について概観し、その後、ディコーディングの一部を成す音韻符号化の障がいとしてのディスレクシアについて、どのような障がいなのか、具体的な例をもとに紹介します。さらに、**第2章**では、読みのディコーディングプロセスにおいて、音韻符号化が果たす役割を詳しく述べ、その中で潜在的プロソディがいかに関与しているか、そしてそのような読みの音韻処理プロセスを、音読トレーニングがどのようにして促進するのか検討します。

　第3章では、リーディングのプロセスを演出し、その土台となるワーキングメモリについて解説、考察します。まず、ワーキングメモリとはどんなしくみがあるのか、これまで提案されたモデルを、第二言語のモデルも含めて、紹介します。その上で、実行系ワーキングメモリ（中央実行系）の神経基盤を概観し、その活用が認知症発症にどのような影響を与えるかや第二言語の推論読みといかに関連しているかについて考察します。最後に、ワーキングメモリトレーニングが第二言語習得に及ぼす効果について、これまでの研究成果を報告します。

　第4章では、2020年度から小学校高学年に導入された教科、外国語における文字学習について、その前提となる能力や、読み書き学習の実際などについて、識字の難しさへの理解と支援を求めつつ、検討します。

　第5章以降は、これからの英語教育において、大いにその効果が期待される多読（多聴）学習について扱います。まず、多読学習の必要性からはじめ、それによって情意面でどのような向上が見られるか解説します。さらに、実際に、多読学習が英語力向上にいかに貢献するかについて、読解スピード、語彙力、内容理解、文法力、リスニング、スピーキング、ライティングの技能にいかに転移するかこれまでのデータを踏まえて考察します。さらに**第6章**では、多読による英語習得の道筋を、英語学習開始段階の小学生

から、英語学習中途の学習者である中学、高校、大学生、さらには所定の目標
である一里塚（基礎固め）とも言うべき 100 万語多読へとたどっていきます。
そして、**第 7 章**では、多読を成功に導くキーポイントとして、主に、SSS（start
with simple stories）、SSR（sustained silent reading）、読書方法の 3 つを取
り上げて解説します。

　最後に、**終章**では、第二言語プラクティスにおけるメタ認知的モニタリン
グの役割について、Cowan によるワーキングメモリモデルとの関連でまず
検討します。その上で、第二言語習得の要となるプラクティスを、多読・多
聴といったインプット駆動型プラクティスと、音読・シャドーイングなどの
アウトプット駆動型プラクティスに分類し、それぞれにおいてどのようなし
くみが働いていると考えられるかその概要を提案します。

　それでは、第二言語（英語）リーディングの要となる認知メカニズムにつ
いて考える旅をはじめていきましょう。

第1章

英語の文字と発音の関係：読みのボトムアップ処理再考

1. 識字のしくみ

　私たちホモサピエンスの祖先がことばを使うようになったのは20万年ほど前です。そして文字文明はメソポタミア文明のころに発達し始めました。わずか5千年ほど前です。さらに文字が急速に普及したのは産業革命からです（馬場, 2018）から、300年ほどしか経っていません。私たちの脳はまだ読むことに完全対応はできていないと言えます。読んだり書いたりは自動的には習得できないことも、人類にとって文字の歴史がまだ浅いことを物語っています。

　識字（リテラシー：literacy）とは文字を読み書きし、理解する能力ですが、ここでは「読んで理解すること」だけを扱います。「読める」とはどういうことでしょうか。普段、意識して行っていないことを説明するのは簡単ではありません。「なぜ、ひらがなが読めるの？」と尋ねると、「日本人だから」や「字を習ったから」と子どもたちは答えます。大人でも、「文字を知っているから」と答えます。とりわけ日本では日本国籍を持つ子どもたちは義務教育を受けているので、識字率は非常に高く、読み書きができる人が多いので、「読めない」状態が見過ごされています。ちなみに、世界の15歳以上の6人に1人（7億人以上）は読み書きができません[*1]。健常者ならば、話しことば（聞く・話す）は自然に獲得できますが、書きことば（読む・書く）は、そうはいきません。

　しかも、文字を習うだけでは、読めません。話しことばの能力が重要な役割を果たします。識字が可能になる条件は次のとおりです。

＊1　参考：日本ユネスコ協会連盟公式サイト https://www.unesco.or.jp/activities/terakoya/

(1) 話しことば（音声言語）の発達・習得

(2) 話しことばを、書きことば（文字）が示す音声単位で操作することができる（音韻認識）

(3) （絵や他の記号とは異なる）書きことば（文字言語）の役割を知っている（文字意識または文字概念）

(4) 個々の文字を判別できる（普遍的な視覚認識能力）

(5) 文字（書記素：grapheme）と音（音素：phoneme）を対応させることができ、それを発音できる（書記素‐音素対応規則の知識）

　(2) の音韻認識は識字のための前提条件ではありますが、文字の学習が始まっても発達します（Morais, Cary, Alegria, & Bertelson, 1979）。語音転換（Spoonerism）*2 と呼ばれる無意識の言い間違いやそれを使った言葉遊びが、識字力を有する人に見られることからも、そう言えます。

　このような識字の基盤となる話しことばの処理も含めて、識字のしくみは、長い間、心理学的行動実験や医療の現場で研究されてきました。20世紀終盤になり、脳画像撮影が可能になると、識字の各段階が脳のどの部位と関係しているかがわかってきました。私たちが文字列を目にすると、後頭部にある視覚野が活性化します。同時に左脳の後頭側頭域の小さな領域が活性化します。この領域は、視覚単語形態処理領域（VWFA：visual word form area）と命名され（Dehaene, 2009: 53-65）、わかりやすく「（脳の）レターボックス」とも呼ばれています*3。視覚処理の中でも文字列を識別する領域です。

　様々な物体や顔の視覚的識別を実行する領域が、文字に触れることで文字を識別できるように変化するわけです。ひらがなの「あ」と「め」と「ぬ」やアルファベットのｂとｄの区別が難しいのは、わずかに違っていても、どこから見ても、「同じ」と認識できることがこの視覚野のそもそもの特技

＊2　Spoonerism とは Spooner 博士の言い間違いから名づけられたとされている現象で、たとえば Lord is a shoving leopard（Lord is a loving shepherd）や Tasting two worms（Wasting two terms）などがある。

＊3　第2章図8参照

だからです。たとえば、赤ちゃんにとっては、笑っていても、怒っていても、右から見ても左から見ても、「お母さん」です。このしくみによると、**図1**のブロックは、どこから見ても同じブロックです。しかし、「文字」として使うためには、私たちの脳は手前から見たときは「b」で向こう側から見たときは「d」と識別する必要があります。この識別要件（何を同じとするか、異なるとするか）は書記体系によって異なります。b, d, 及び p, q は、形は同一ですが、姿勢（向き）によって異なる文字と認識しなければなりません。

**図1　一方から見ると b、他方から
　　見ると d の例**

　文字を識別した後、ディコーディング（音韻符号化）が行われます。その音韻が、話しことば（音）として心内辞書（メンタルレキシコン：mental lexicon）にあり、その語の意味・概念もその辞書内にあれば、理解に到達します。単語の読みにおいては、一文字一文字を音にして概念にたどり着く経路（GPC ルート）と文字列から直接概念にたどり着く（語彙ルート）があります。**図2**（次ページ）は Coltheart（2006）の単語音読についての、拡張版二重経路（dual route）モデルです。かな文字やアルファベット文字のような表音文字（phonogram）は GPC ルート（右ルート）で処理されます。

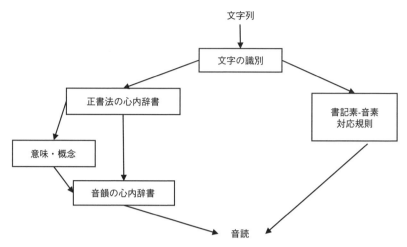

図2 単語の音声化（音読）の拡張版二重経路図
（Coltheart, 2006 に基づく）

一方、漢字は語彙ルート（左ルート）で処理されます。ひらがなを学び始めた幼児を想像してください。最初は文字毎にぽつぽつと処理しますが、だんだんと速くなり、瞬時に自動的に読むようになります。このような基本的な読字のしくみは言語間で異なりません。異なるのは文字の種類や形状、そして書記素と音素の対応関係です。

　すなわち、単語を見て、文字を識別した後に2つの経路があります。右ルートは、文字毎に音韻符号化して音読に至る経路で、左ルートは、語単位で心内辞書を検索して意味から音読に至る経路と、音だけ入手して音読に至る経路が図示されています（**図2**）。

　ここでは、日本語の識字のしくみを考えたいと思います。日本語の書記体系は様々な書記体系の中でもユニークです。仮名（平仮名・片仮名）と漢字、さらにローマ字というアルファベット表記も使います。漢字は表意・表音のための文字で、音節（syllable）や語が1つの漢字に対応し、意味を表したり（訓読み）、音を表したりします（音読み）。仮名は音節やモーラ（mora）[*4] に対応し、音を表します。ローマ字は、仮名が表す音をアルファ

＊4　モーラは音節に近い話しことばの単位で、日本語話者が話しことばを切り分ける基本単位である。通常の直音は1音節＝1モーラであるのに対し、撥音・促音・長音は1音節＝2モーラになる。

ベットで表しています。仮名を読めるのは、話しことばを仮名が表す音節や
モーラに分けることができていることが前提です。たとえば、「いぬ」は
/ い // ぬ / という 2 つの音節（モーラ）でできていることがわかるという
ことです（音節の音韻認識）。次にぞれぞれの文字とその音（文字音）を知
り（文字音知識）、「いぬ」が読めるのです。

　幼児は様々なことば遊びをしたり、絵本を読んでもらったり、歌を歌った
りします。幼児の日常が、幼児を識字へと導いているのです。たとえば、日
本語を母語とする誰しも知っている「しりとり」は読みの発達前の準備に不
可欠な遊びです。音韻認識を発達させると同時に、その力を確認することが
できる遊びです。しりとりができるためには、語の最後の音節を切り離し、
それと同じ音節ではじまる語を、心内辞書から検索して言えることが必要で
す（高橋, 1997）。このようにことば遊びや絵本に触れる環境下で、言語発
達とともに識字力を発達させていきます。丸ごと絵のようにして命名したり
（絵読み）、読んでくれる人の真似をして読んだり（真似読み）しながら、や
がて文字列（単語）を丸ごと記憶して読むようになります（単語読み）。さ
らに仮名の存在に気づき文字を追うように読み始めます（1 字読み）。だん
だん速く読めるようになり、単語単位で正しく速く読めるようになると、文
単位でも読めるようになります（首藤, 1975）。

2.　英語の識字のしくみ

　英語の書記体系において、識字は数ある言語の中でも難易度が高いことが
知られています。その主な原因は、(1) 文字が話しことばの小さい音声単位
に対応していることと、(2) その対応関係の規則性が低いことです。**図 3**
（次ページ）は識字の難しさに影響する、以上 2 つの要因の関係を表してい
ます（Wydell & Butterworth, 1999）。

　縦軸の粒子サイズとは、文字に対応する話しことばの単位です。話しこと
ばの単語は音節に、さらには音素（言葉の意味の違いを作り出す音の最小単

　例：「おとうさん」は 3 音節であるが、直音＋長音＋撥音で 5 モーラになる。

位）に分けられます。日本語は音節（モーラ）に分かれ、それぞれに仮名が対応します。これに対して、英語は音節より小さい音素単位に分かれて、その音素にアルファベット文字または文字列が対応します。話しことばを文字で表記する際に、小さく分けて表記するほど難しくなるということです。

　横軸の透明性とは、書記素（文字）と音素（音）の対応規則のわかりやすさを示します。透明性が高いということは、対応の規則性が高いということです。仮名システムは文字名と文字音が同一ですし、組み合わせて読む（拗音や促音）場合も含めて規則性が高い透明なシステムです。したがって、図3では、白い部分が識字が難しい書記体系を持つということになります。

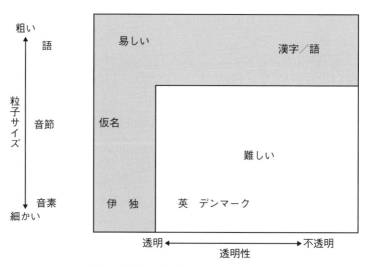

図3　粒子性と透明性
（Wydell & Butterworth, 1999 に基づく）

　英語の書記体系では、特に母音と文字との対応の規則性は低いのですが、少し大きな単位では規則性が上がるものがあります。1音節語は、頭子音（onset）がない単語もありますが、原則図4のように、頭子音とライム（rime）に分解されます。このライム単位では規則性が高いものがあります。たとえば -ea- という母音字列は clean、head、great において読み方が異なりますが、-ean というライム単位で考えると bean、clean、dean、jeans、 lean、mean などすべて同じ読み方です。また、接頭辞（un、re 等）や接尾辞（er、tion 等）なども規則性が高い単位です。

図4　頭子音（オンセット）＋韻（ライム）から成る 1 音節語の例

　この他に日常の高頻度語には特殊な読み方をする語がたくさんあります。例えば you や have などですが、これらは単語単位で読みます。このように熟達した英語の読み手は、いろいろな単位で、その都度便利な規則を適用しながらディコーディング（音韻変換）をしているのです。

　さて、英語を音読しているとき、単語を習っていないので読めない、と訴える人がいます。また、単語を読み間違えて読んだ人が笑われることもあります。英語指導の現場ではよくある出来事ではないでしょうか。いずれの事例も、英語の書記体系の特徴とホールワード*5 ベースの指導方法に起因するものでしょう。

　前者の場合筆者は、めかも・たあせのなど存在しない日本語の単語（疑似単語）を仮名で書いて、読んでもらいます。もちろん習ったこともなければ、記憶もしているはずのない初めて見る単語にもかかわらず読めます。仮名は表音文字だからです。アルファベットもまた表音文字ですから、初見でも読めるはずだと説明します。

　後者の場合、ローマ字の規則を適用した場合と、学習した英語の規則を過剰に適用した場合があります。ローマ字の規則を適用した場合は、規則の違いに気づけるように読める英単語をわざとローマ字として読んでもらいます（例：make）。過剰適用の場合は、適用できていることを評価した上で、他

＊5　単語は一文字一文字読むのではなく、語としてひとまとまりで処理するという考え方に基づき、文字音や書記素 - 音素対応規則を指導しない。

の規則の適用や不規則であることを伝えます（例：does, many, some）。もちろん英語の書記素 – 音素対応規則にすぐに気づく学習者もいます。しかし、明示的なディコーディング学習の必要性と有効性は、英語圏で実証研究に基づいて明らかにされています（NICHD, 2000）。日本の EFL 環境における限られた学習時間と限られた英語との接触では、明示的な学習は必須であると考えられます。

　日本語を母語とする英語学習者は、どのように英単語をディコーディング（音韻化）しているのでしょう。明示的なディコーディング指導を受けていない小中学生のディコーディング力と、学習の効果を調べてみました（Kawasaki, 2012）。日本人英語学習者は、アルファベットの子音字は比較的正しく読むことができていますので、母音字を読む力に焦点を絞りました。

　この研究では、最初に英語のように見えても、実際には存在しない疑似単語を音読してもらい（事前テスト）、次に読み方（ディコーディング）の学習セッションを体験した後で、同じ疑似単語を音読してもらいました（事後テスト）。また、学習セッションでは実在する単語を使いました。学習セッションでは、同じ規則で読む単語をまとめて、まず、自分で読んでから、正しい読み方を聞いて、復唱してもらいました。規則の説明はしませんが、同じ規則で読める単語を自分で読み、その正誤を確認することで、規則の学習が成立すると仮定しました。事前・事後テストで使った疑似単語と実在単語は、次のようなものでした。

　疑似単語：daid, nait, maunt, mause, gloud, mulk, dunch
　実在単語：braid, bait, gaunt, pause, cloud, bulk, hunch

　図 5 に、小学 5・6 年生と中学 1・2 年生の英語の文字と音の関係の学習セッションの前後の事前・事後テストにおいて、小中学生がどのような読み方をしたかを示します。

　学習前に英語の規則に従って正しく読めた小学生は 15% で、単語を見てから読み始めるまでに平均 1.7 秒もかかりました。中学生は 34% が正しく読めました。読み始めるまでが 1.3 秒でした。小学生も中学生もローマ字の規

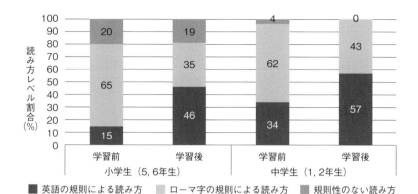

図 5　事前及び事後テストの結果：小学生及び中学生（Kawasaki, 2012 に基づく）

則を使って読んだ人が約 60% でしたが、小学生では規則性のない読み方を
した人が 20% で、対して、中学生はわずか 4% でした。しかし、学習セッ
ションの後では、小学生も中学生もローマ字の規則を使う人が減少し、英語
の規則で読めるようになりました。それでも、小学生では、規則性のない読
み方をする人が約 20% 弱残りました。また、読み始めるまでの時間は、中
学生では短縮されました。また、小学生は学習セッション後には、学習前の
中学生以上に正しく読めるようになりました。この結果から、次のように考
えられます。

(1)　初めて見る単語は、読み始めるまでに時間がかかる。知っている単語
　　　を照会している、正しいかどうか不安で躊躇しているなどと考えられる。
(2)　中学生は読み方の学習で正確さ・速度ともに最も向上する。
(3)　中学生以降に、英語のディコーディング規則ではなく、ローマ字規則
　　　を使って読むようになる。

　中学生になり、英語を読まなくてはならなくなると、既に知っているロー
マ字の規則を使って読むようになるようです。しかし、どの年齢でも適切な
方法でディコーディングの学習と練習をすると、正確に読めるようになるこ

とがわかりました。そしてこの研究を実施した時点では、中学生において練習効果が大きいことがわかりました。注目すべきは、ある規則、ここではローマ字の規則を使える学習者は、異なる規則を知ることで容易にそれを適用して正しく読むようになることです。規則性への気づきが重要であるといえるでしょう。

　小学3年生での「国語」でのローマ字指導の英語の文字指導への影響についての議論は、「小学校英語」が始まった当初からあります。そして今、小学校高学年での「外国語」の教科化に伴い、英語の読み書きも学習の内容に含まれています。英語とローマ字の関係がますます注目されているようです。ここで紹介した研究結果は、ローマ字を読めることは英語の識字学習を容易にしていることを示唆しています。なぜ容易になるかというと、1つは、ローマ字学習によって、規則性に気づいたからでしょう。アルファベット言語内での識字の学習の中心はディコーディング規則の学習ですから、ローマ字から英語、英語からローマ字はこれと同じです。もう1つは音素認識力が身についたからでしょう。Pinyin*6を学習した中国語母語話者は、学習していない母語話者とは異なる音素認識力を持つことも報告されています（Chen et al., 2004; Lin et al., 2010など）。この中国語におけるPinyinの使用と中国語や英語の音韻認識力については多数の研究が行われています。日本でも、ローマ字と英語の能力、そして日本語の能力との関係について、理論的・実践的研究に期待します。とりわけ発達段階における互いの影響は、縦断的な研究で明らかにし、教育に反映させたいものです。

3. 読み能力の発達

3.1　読みの学習への準備段階

　読み能力の発達には、「1. 識字のしくみ」で述べたとおり、物体を認識する視覚回路とことばに関する言語回路が関わります。言語回路については、5, 6歳で読みの指導が始まるころの語彙は、平均数千語で、音韻認識もで

＊6　中国語の公式発音表記システム。アルファベットと記号を使う。

きています。英語を母語とする幼児では就学前に最初の音（頭子音）の区別
ができ、小学 1 年生で最初の音を取ったり付けたりすることができます
（Chall, 1983）。視覚回路については、5、6 歳児はまだまだ進化の余地があ
り、だからこそ、文字のように新しい形を習得するのに適した時期でもあり
ます。このころに読み始めてから、習得に必要な期間は、言語によって異な
ります。

　ひらがなは、本章の冒頭で述べたように、粒子サイズが大きく、規則性が
高い（図 3）ので、小学校就学時に既にひらがなを読めたり、自分の名前を
ひらがなで書けたりします。他の言語ではどうでしょう。図 3 の粒子サイ
ズが小さく、規則性が低い書きことばは習得までに長い時間を要します。英
語では小学校 3、4 年のころから、ディコーディングから読解へと移行してい
き、そのころに綴り字（spelling）の学習もします（Chall, 1983）。事実上、
小学校 3 年終了時に読めれば平均的で、それらを書けるようになっているこ
とは求められません。

　読みの習得段階は次の 3 段階に分けられます。

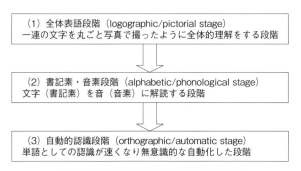

図 6　読みの発達段階（Frith, 1985 に基づく）

　読めるために必要な音韻認識の発達段階ですが、図 6 の（1）全体表語段
階ではまだ発達途上でしょう。この段階は文字意識が芽生え、覚えている単
語全体をあたかも読んでいるかのように発音する段階です。

　日本語を母語とする子どもの英語音韻認識力の発達は、英語を母語とする
子どものそれと同じでしょうか。それとも異なるのでしょうか。日本語を母

語とする未就学児童対象に最初の音が同じか異なるかの判断能力を調査した報告があります（湯澤・湯澤・関口, 2009）。子どもたちは、幼稚園で2，3年の英語での遊びなどの経験をすると、音韻認識力が向上することがわかりました。その後1年間のフォニックス学習で年少児は年長児と同等の力を獲得しました。この子どもたちは英語の話しことば（音声）に触れることで、英語を母語とする子どものように英語の音韻認識力が発達したようです。

　日本語を母語とする小学生の音韻認識力について、日本語の識字に必要な音韻認識力は話しことばを音節に分ける力（音節認識）で、既にこの力を獲得しているならば、さらに音素に分けることは難しいのであろうと推測できます。たとえば、日本語では「かめ」/kame/ と「こめ」/kome/ の最初の音は /ka/ と /ko/ で異なりますが、英語として認識すればどちらも /k/ で同じです。

　小学校英語活動で、朝の15分の時間（モジュールの時間）等に、歌・チャンツ、絵本、フォニックスを取り入れたトレーニングをした学校で、音韻認識力を調べてみました。この活動は、英語の音声に慣れ親しみ、ゆっくり無理なく識字力につなげていくことを念頭においた活動でした。この活動[7]を7カ月間（15分×12回×7ヵ月）行った子どもたちの音韻認識力を測ってみました（Kawasaki & Saito, 2015）。1年生から6年生の子どもたちは、初めて聞く英語の単語を2つ聞いて、最初の音が同じか違うかを答えました。また、日本語でも同じことをしました。その結果、すべての学年で活動後には、英語音素認識力が高まっていました。さらに、活動後の音韻認識力は1つ上の学年の活動前の値を上回っていましたので、発達による伸びではなく、半年間の活動の学習効果であると言えるでしょう。

　図7は、序章図1で示した読みのシンプルモデル（simple view of reading model：SVR）を、やや形を変えて掲載したものです（Gough and Tunmer, 1986）。文字を読んで理解するには、音韻符号化（ディコーディング）と音声化した言語の理解（コンプリヘンション）の両方が流暢にできることが不

---

*7　大阪市で2013年度9月よりスタートした英語イノベーション事業英語教育重点校プロジェクトでは、15分間のモジュールの時間を利用し、週3回英語活動を行いました。詳細は『低学年から始める英語短時間学習』泉・田縁・川﨑（2019）

可欠であり、これら2つの積が読解であるとしています。

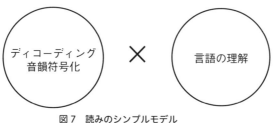

図7　読みのシンプルモデル
(Gough & Tunmer, 1986 に基づく)

3.2　読みの学習

　音韻に基づく文字列の認識ができるようになると、文字（書記素）−音（音素）の対応関係を学び、**図6**の（2）書記素／音素段階（alphabetic/phonological stage）に進めます。この段階では、両者の対応規則をもとに、初めて見る単語でもディコーディングできるようになります。**図7**で示した、Gough and Tunmer（1986）による「読みのシンプルモデル」は、読み（読解）のプロセスについて、ボトムアップ処理とトップダウン処理の立場の対立に関する議論（The Reading Wars と言われることもあります）が続いた1980年代に提案されました。読むという活動は、ディコーディングによる単語認識と、認識した単語の意味理解が中心であり、この2つはいずれも必要不可欠であると主張しました。すなわち、熟達した読み手は、いずれの処理も流暢で、いずれかがうまくいかないと、相乗的に読解に影響すると考えたのです。たとえば、単語のディコーディングが苦手で時間がかかると、そこに注意資源が多く費やされるため、言語理解に支障をきたし、結果的に読解に失敗します。自動化されたディコーディングと言語理解による流暢な読み（fluent reading）が実現してこそ、読解が可能になるというわけです[*8]。

　ディコーディングの効率の指標としての音読の流暢さと読解の関係は、Barger（2003）が米国の小学3年生で調査しました。そして、DIBELS（Dynamic

---

[*8]　**第3章 2.** で解説する、Just and Carpenter（1980）によるワーキングメモリモデル（容量理論）にも大きな影響を与えている。

Indicators of Basic Early Literacy Skills）の音読流暢性指標（Oral Reading Fluency index）[9] による音読成績と読解力には、強い相関関係があったと報告しています。「流暢な音読は、読解への橋渡しである（Young-Suk, Chea, & Wagner, 2014）」と言われる根拠です。また、流暢に読めると読書量が増えることになり、その結果、語彙力が向上し、読解力がさらに向上するという好循環になります。逆に、流暢に読めなければ、読書に時間がかかるだけではなく、楽しくなくて読む意欲が低下し、結果的に読書量が増えなくなるため、読む力が向上しないという悪循環になります。日本の英語教育の現場で、このような悪循環に陥っている学習者に遭遇することが多いのが非常に残念です。

　図8は、「ディコーディング（単語認識）」と「言語理解」、そしてその結果としての「読解（reading comprehension）」の関係を、より詳しく図解した、Scarborough（2001）による、「読みの組み紐（reading rope）」です。読解スキルの向上は、単語認識がより自動的になり、言語理解がより方略的（strategic）になることで、流暢になり、かつ両者が絡まりあうようにして達成されることを表しています。これが、図6の（3）自動的認識段階（orthographic/automatic stage）に到達した状態で、文字毎ではなく単語毎、あるいはより大きな単位（チャンク）毎に処理されているような状況になりますが、その内的プロセスとしては、文字・文字列毎にディコーディングが行われています。

　これまで述べてきた識字のしくみを理解することで、読む力の発達を適切に支援することができるようになるでしょう。

　読みの入り口である、文字を音に変換するディコーディングと、ディコーディングによって得た結果を理解することの両者を素早く正確に行うことで、流暢な読みが達成されます。いずれか一方、あるいは両方に、問題（困難）がある場合があります（図8参照）。

---

*9　音読の流暢性指標では、音読の正確さと流暢さを測定する標準化された小学1年生から中学2年生用個別テストが使用された。読み書き支援が必要かどうかを調べるために開発された。パッセージを1分間音読するもの。

熟達した読みの達成に撚り合わされた何本もの糸

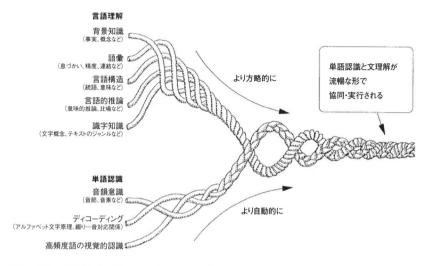

図8　読みの組み紐（reading rope）のイメージ
　（Scarborough, 2001 に基づく）
【参考：https://dyslexiaida.org/scarboroughs-reading-rope-a-groundbreaking-infographic/ よりダウンロード】

　左側の単語認識の問題は、音韻認識はできていても、音韻符号化の正確さ
や速度に問題がある状態もあります（Wolf, 2007）。一般に、ディコーディン
グの能力は、迅速で自動的なネーミング（Rapid Automatic Naming: RAN）
ができるかという指標で表します。すなわち、文字を素早く自動的に音韻化
する力で、このプロセスに多くの注意資源を消費すると、意味理解に支障を
きたしてしまいます。これは、ワーキングメモリの側面（容量理論）から説
明できます[*10]。フォニックス指導等により文字（書記素）から音（音素）へ
の変換規則を学習し、ディコーダブルブック等を使って、簡単な高頻度語を
使った文章をたくさん繰り返し読み、ディコーディングの正確さと流暢さを
高めることが不可欠でしょう。

＊10　第3章 2. 参照。

4. 読みの音韻符号化の障がいとしてのディスレクシア

　話しことばは何ら損傷されていないのに、書きことばの理解のみが障がいを受けている症例を失読症（alexia）と呼んでいます。これは、視覚異常などが原因ではなく、後天的な脳損傷が原因で、書かれた文字や単語の理解が障がいされるもので、失語を伴わない純粋型のもの（純粋失読）を指すのが一般的です。典型的には、14ページで解説した「視覚単語形態処理領域（VWFA）」の病変によることが知られています。図9は失読の症状をよく表しています。

図9　（純粋）失読の症状[11]

　これに対して、ディスレクシア（dyslexia）とは、同じ読みの障がいでも、学習障がいの一種で、知的能力や一般的な理解力に特に異常がないにもかかわらず、文字認識がうまくできず、正確で流暢な単語の認識ができない状態を指しています[12]。通常このような障がいは、典型的に、ことばの音韻的な処理能力の欠如によると考えられています[13]。そして、他の認知能力が問題ないために、学校教育でも気づかれることがないまま、原因不明の学力不振

＊11　門田（2014: 205）より転載。

として、扱われることが多かった障がいです。その結果、読むことが大変で、意欲もなくなり、読書体験の減少を招き、これまで単に本人の努力不足が原因で生じた学業不振だとしてみなされてきたという経緯があります。

　ディスレクシアを持つ読み手の脳内処理プロセスについても、近年は研究が進んできました。図10は、通常の読み手（typical readers）と比べた、リーディング時の賦活（activation）領域を示した図です。

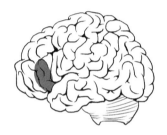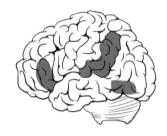

図10　ディスレクシアの読み手（左）と通常の読み手（右）の典型例

　ディスレクシアを持つ読み手の脳は、言語処理中枢であるブローカ領域のみに頼ったリーディングをしているということが指摘されています。通常の読み手が、VWFAを含む後頭－側頭領域や頭頂－側頭領域など様々な脳領域の活性化が見られる[14]のと対照的であると言えます。しかし、このようなディスレクシアを持つ読み手も、適切な処置（remediation）をすると、通常の読み手と同様の脳活動が得られるようになったという報告があります。

　Sandman-Hurley and Block-Zaretsky（2019）は、通常の英文テキストの読み（テキスト①）と、テキストの音韻符号化が不自由なために文字認識に極めて負荷がかかるディスレクシアの読み手が経験する読み（テキスト②）が具体的にどのようなものであるかをイメージするためのワークショップ

＊12　difficulties with accurate and / or fluent word recognition and poor spelling and decoding abilities で、発達性読字障害（Developmental reading disorder：DRD）と呼ばれることもありましたが、現在はディスレクシアという言い方が一般的です。

＊13　国際ディスレクシア学会（International Dyslexia Association）の次のサイトを参照。https://dyslexiaida.org/definition-of-dyslexia/

＊14　**第2章図7を参照。**

30

（「1日ディスレクシア体験」)*15 を開催しました。

テキスト①：SLEEP AND LEARNING

Sleep does more than banish dark under-eye circles. It also helps you learn, according to an increasing amount of research in animals and humans. Advances in neuroscience led scientists in recent years to produce a large body of converging evidence that shows that sleep helps secure memories and aids at least some types of learning. The findings indicate that sleep is much more important than commonly believed.

テキスト②：SPRISS AND PHI BRAIN

次のパラグラフでは、'i' の文字は、'i' にも、'e' にもなり、また 'p' は、'p' にも 't' にもなるという想定で、読者の皆さんも次の英文の読みにチャレンジしてみてください。

Nop po add po your spriss livil, bup accumulaping risiarch indicapis phap conpinuous or inpinsi spriss may somipimis nigapivily influinci phi brain and ips funcpion. Spudiis find ividinci phap siviri spriss may somipimis alpir brain cills, brain sprucp. uri and brain funcpion. As a co'nsiquinci mimory pro blims and phi divilopminp of somi minpal disiasis, including diprission, may irupp. On phi posipivi sidi, risiarch also suggisps phap miphods undir invispigapion may bi abli po hilp ward off or ivin possibly rivirsi somi of phi spriss ifficps.

まず表題を読むだけでも大変です。i が e、p が t だとして読むと、STRESS AND THE BRAIN でもっともらしい表題になります。次に最初の一文を読

---

*15 International Literacy Association で開催された Dyslexia for a Day: A Simulation of Dyslexia というワークショップ。Sandman-Hurley 氏と Block-Zaretsky 氏はともに、米国カリフォルニア州サンディエゴにある Dyslexia Training Institute (https://www.dyslexiatraininginstitute.org/index.html) 所属のリーディング研究者である。

んでみてください。たった 'i' と 'p' の2文字だけが、このようにどちらにも
なることがあるというだけで、読み（特に文字認識）が非常に遅く、負荷が
大幅に高くなることが理解できるでしょう。筆者が解読したのは次のような
文です。

Not to add to your stress level, but accumulating research indicates that
continuous or intense stress may sometimes negatively influence the brain
and its function.

　上記の文字列は、極めてディコーディングが困難で、ワークショップ参加
者は英語母語話者が大半でしたが、実際に読めた量は英語母語話者でも半
分以下のペースだったと報告していました。また、個々の文字単位で処理
するのが困難であれば、読みの1つのストラテジーである「ホールワード法
（whole word strategy）」をとろうとしてもやはり読むのは困難でした。こ
のように、個々の文字の認識というディコーディングが正確に素早く自動的
にできないと、通常のリーディングスピードを保つことは全く不可能である
ことをはっきりと体験させてくれるものでした。読者の皆さんも読みのディ
コーディングが不自由だと、極めてストレスフルな読みになることがわかっ
ていただけるのではないかと思います。しかし、実は、これがディスレクシ
アの読み手の実態に即したイメージなのです。
　日本における英語など外国語学習においても、初めてその言語に接した学
習者の気持ちにも通じるものではないでしょうか。

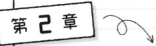

第 2 章

音読が英文読解力をのばすしくみ：音読トレーニングのインプット効果

1. 書かれた文を理解するしくみ（読み解くしくみ）とは?

既に序章では、黙読（リーディング）プロセスをシンプルに表現すると、図1であることをお話ししました。本章では、黙読（リーディング）の最初の段階である符号化（ディコーディング）能力の向上に、音読がどのような効果を発揮するかという、音読の「インプット効果」について検討したいと思います[*1]。

黙読	=	符号化（ディコーディング）	+	理解（コンプリヘンション）

図 1　黙読の主要プロセス

リーディングは一般に、黙読（silent reading）と呼ばれます。しかし、本当に、ことばの音声とは無関係なサイレント（無声・無音）なプロセスなのでしょうか。

これまでも多くの言語学者や読書教育研究者は、次のような視点を共有してきました。

(1)「読み・書き」などの書きことばの処理能力（読み書き能力：Literacy）は、日本でも外国でも、かつては一部の学者貴族など特権階級だけが所有していた能力で、一般的に多くの人に普及したのは、15 世紀以降印刷術が発達してから後のことである。

(2) 現在でも文字、書記体系（writing system）を持っているのは、世界

＊1 「インプット効果」以外の音読の学習効果については、門田（forthcoming）を参照。

　の言語の中の一部の言語で、文字を持たない言語が世界の言語の多く
　を占めている。これに対して、音声がなく、文字言語のみから成る言
　語は存在しない。
(3) 幼児は、文字を最初に覚えるのではなく、そのことばの発達（個体発
　生）は、音声言語から常にスタートする。

　これらは言語の研究に従事したことのある人ならすべての人が当然と考え
てきたもので、世界各地のリーディングの学習・教育もこれらを前提に行わ
れています。
　実際に、リーディングの認知プロセスについてのこれまでの研究成果は、
母語、外国語（第二言語）の別を問わず、決して音声言語とは無関係な過程
ではなく、内的な発音、すなわち心の中での音声処理・音韻処理（subvocali-
zation あるいは phonological processing）が行われていることを明らかにし
ています（門田, 2006）。私たちの脳は実は、文字言語のリーディングでも、
もともと備わっている音声言語を処理するためのしくみを活用しているとい
う実態があります。言い換えると、リーディングは、書きことばの処理過程
であっても、脳内の視覚的な処理のしくみを利用するだけでは完結しない
で、音声言語の処理のためのしくみを転用して活用している、そんな能力な
のです（Dehaene, 2009, 2013）。
　しかしながら、わが国の英語の学習・教育は、この当然とも言うべき前提
を無視したリーディング学習法を、明治以来展開してきました。これには、
それなりの理由もありました。滅多に英語を聞くことのない学習者にとって
は、英語で書物が読めることが最も重要かつ実用的で、どのように発音する
かなどは全く気にする必要もなかったというのがかつての日本の状況だった
からです。また、従来から特に、英文リーディングというと、極度に分析
的・局所的な英文和訳とほぼ同義的に考えてしまう傾向も強くありました。
そして、リーディング力の育成は精読などじっくりと読む訓練によってのみ
可能になるものであり、音声英語の教育を削って、少しでも読みの訓練のた
めの時間を確保することが、たとえば大学入試に成功するための早道である
という考え方も強くありました。事実、高等学校などで、オーラルコミュニ

ケーションなどの学習指導が十分に行われてこなかった主な原因は、このような認識にあると思われます。

　門田（2006）は、以上のような英語リーディングについての「誤った認識」を払拭することを目的として、次の諸点を明らかにしようとしたものでした。

(1)　人が本来、言語及び非言語の「情報処理」のためにいかなる記憶・神経システムを用意しているかについて検討し、「聞く」「話す」「書く」「読む」という 4 つの言語処理過程について、それらの概略を示す。

(2)　次に、この言語処理過程を前提として、「読む（リーディング）」という行為を、ディコーディング（解読：decoding）過程と、コンプリヘンション（理解：comprehension）過程に分ける。そして、それぞれの過程がどのような認知的しくみから成っているか、「聞く」「話す」といった人間言語本来の音声言語処理と、いかに結びついているかについて考察する。

(3)　その上で、内外の研究動向に留意しつつ、応用言語学、心理言語学、認知科学、脳神経科学など学際的な観点からの理論づけと、実証的なデータから論を展開する視点を、できる限り貫いた実証研究を行う。そこから得られた知見をもとに、日本人英語学習者について、上記のディコーディングと理解過程と音声言語の処理過程がいかに結びついているかを明らかにする。

　本章ではまず、リーディングプロセスの遂行において、どれだけ話しことばの処理過程が土台になっているかを、門田（2006）やその後の研究成果をもとに解説します。その上で、英語の音読（oral reading）のトレーニングが、リーディングのディコーディングや理解過程をいかに促進するかという、本章の主な目的である、音読のインプット効果（an input effect of oral reading（門田, 2020））について検討していきたいと思います。

2. 書かれたテキストの理解と音声・音韻処理

　文字言語のリーディングにおいて、音声言語処理がいかにして、読み手の頭の中での内的音声・音韻処理として関係しているかについては、かねてより2つのモデル（考え方）が対立してきました。

(1) 語彙アクセス前音韻（pre-lexical phonology）モデル
　　・ディコーディング段階で語彙アクセスのために必要
(2) 語彙アクセス後音韻（post-lexical phonology）モデル
　　・語彙アクセス後の理解過程に必要：これは、記憶保持音韻
　　（postlexical phonology for memory）とも呼ばれる

両モデル間にはかなりの議論^{バトル}もありました（門田, 2006）。しかし、リーディングにおける音韻処理は、(1)(2)両方の役割とも重要であることが、その後の研究成果から明らかになっています。

2.1　語彙アクセス前音韻（pre-lexical phonology）

　書かれた単語の意味にアクセスしてその意味を理解するためには、読み手は頭の中でその意味内容を表示すること、すなわち意味表象（semantic representation）を形づくることが必須です。言い換えると、単語の意味を脳内でイメージ化したり（例：cat を見てネコの画像がうかぶ）、その内容を別の単語で言い換えたりすることができる（例：acquire を見て、その意味を get や obtain でも言えると思ったりする）ことが必須です。また、単語の意味内容にアクセスしたら、その結果、母語（日本語）の対応する語に置き換えたりすることもできる（例：上の2語であれば「猫」「手に入れる」などの訳ができる）ことも必要です。

　書かれた英単語の、このような意味アクセス（＝意味表象形成）のためには、まずその語の文字列（綴り）を心の中で思い浮かべて（上の例なら、c-a-t、a-c-q-u-i-r-e）、視覚表象（visual representation：書記表象 [graphic

representation］とも呼びます）を作り出します。その後、その文字列を発音
（音韻化）して、その発音を頭の中で表示すること（上記の cat なら /kǽt/、
acquire なら /əkwáiər/）、つまり音韻表象（phonological representation）を
形成して、「ああこの発音の単語だ」とわかって初めて、その単語の意味表象
や、さらには単語の他の情報（その使い方についての情報（品詞、統語、語
法）や、他のどの語と一緒に使えるかといったコロケーションなどの情報（語
彙情報）にアクセスができるようになるのです。
　以上のことを、近年になって脳神経科学の立場から Dehaene（2013）は、
リーディングのための脳内機構（the brain architecture for reading）とし
て、次の 2 つが不可欠であると述べています。

　(1)　書記単語の安定した視覚表象（an invariant visual representation of
　　　 written words）を形成すること
　(2)　音声言語の発音や意味の符号化のための脳領域（the brain areas
　　　 coding for speech sounds and meaning）に結びつけること

　言い換えると、これらが、書かれた英単語の意味やその他語法などの情報
にアクセスするための視覚表象形成及び音韻表象形成の脳内機構であると言
えます。
　以上の視覚表象、音韻表象、意味表象という、3 つの表象形成の関係はど
のようになっているのでしょうか。もちろん、視覚表象の形成は、書かれた
英単語の処理では、当然最初のステップになります。しかし、その後はどう
いった順序をたどるのでしょうか。これを端的にイメージ化したのが、次
ページ図 2 の二重アクセスモデルです。
　単語を視覚的に知覚して、そのスペリングを認知した（一種の視覚表象と
して正書法表象（orthographic representation）を形成した）あとは、次の
2 つのいずれかを経由するというモデルです。

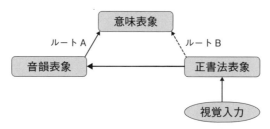

**図2　単語を見てその意味がわかるまでの二重アクセスモデ
ル：改訂版**（門田, 2015: 136 に基づく）

> ルート A：いったん心の中で発音して音韻表象を形成し、その上で意
> 　　　　　味表象に到達する経路
> ルート B：音韻表象を経由しないで、正書法表象から直接、意味表象に
> 　　　　　至るという経路

　このモデルの妥当性、すなわち、音韻表象を経ることが、意味表象形成
（＝意味アクセス）に本当にその前提になるのかどうかは、1 つには、どち
らの表象のほうがより素早く、自動的に得られるかを検証することで推測で
きます。門田（2006: 131-136）は、外国語として英語を学ぶ日本人大学生
に、視覚提示された英単語の品詞、音韻、意味の 3 つの情報の認知までの時
間を測定しました。次の 3 種類の英単語ペアを数多く用意しました。

> (1) 同じ語彙範疇（品詞）を持つ英単語ペア（cruel – pure など）
> (2) 類義語英単語ペア（mend – repair など）
> (3) 発音が同じ同音異義語のペア（right – write など）

　そして、これらのペアをパソコンのディスプレイ中央部分に**図3**のよう
に 2 語を上下に同時に視覚提示しました。
　参加者には、できるだけ速く正確に、ペアの 2 語が、(a)品詞、(b)意味、(c)
発音のいずれで同じかを判断するよう求めました。**図4** は、3 つの判断にお
ける平均解答時間をグラフ化したものです。

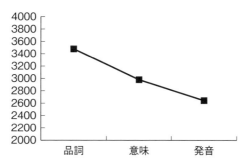

図 3　英単語ペアの提示例
(門田, 2006: 146)

図 4　英単語ペアの関係判断における平均反応時間
(単位：ミリ秒、門田, 2006: 136)

　その結果、(a)品詞判断＞(b)意味判断＞(c)音韻判断の順にはっきりと時間が短くなり、同時にその判断の正確性も向上する傾向があることがわかりました。

　さらに、Kadota and Ishikawa（2005）による実験では、PC 画面に**表 1**（次ページ）のような形で、4 種類（(a)〜(d)）の関係にある単語ペアを作成し、それらを上下に同時視覚提示しました。そして、2 つの単語間に、明らかな意味の関連があるかどうかの判断（意味関連性判断：semantic relatedness judgement）を、外国語として英語を学ぶ日本人大学生に求めました。得られた結果は、**図 5** のとおりでした。

　その結果、(b)のペアタイプ（entire-hole など）は、他の(a)(c)(d)のタイプに比べて、意味関連性判断（関連しないという No 判断）が遅くなることがわかりました。ちなみに、これと同様の実験は、**表 2** のように日本語漢字単語を使っても行われました。**図 6** にその結果を図示しています。

　結果は、英単語と同じく、(a)(c)タイプと比較して、(b)タイプ（「類似 – 動揺」など）は、意味関連性判断（関連しないという No 判断）が遅くなるというものでした。

表1　実験に使用した英単語ペア（サンプル）：上段がペアの基軸語、下段がペアの対提示語

(a)	(b)	(c)	(d)
entire	entire	entire	entire
whole	hole	while	daddy

(a)　基軸語（entire）と意味的に関連した語を同時提示（whole）（正答：yes）
(b)　正答（whole）と発音は同じであるが、異なる語を同時提示（hole）（正答：no）
(c)　正答（whole）と形態的に類似した語を同時提示（while）（正答：no）
(d)　正答（whole）と意味も形も無関係な語を同時提示（daddy）（正答：no）

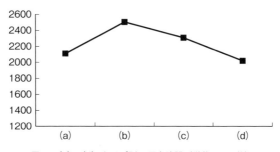

図5　(a)〜(d) タイプ別の反応時間（単位：ミリ秒）

表2　実験に使用した漢字単語ペア（サンプル）：上段がペアの基軸語、下段がペアの対提示語

(a)	(b)	(d)
類似	類似	類似
同様	動揺	俳句

(a)　基軸語（類似）と意味的に関連した語を同時提示（同様）（正答：yes）
(b)　正答（同様）と発音は同じであるが、異なる語を同時提示（動揺）（正答：no）
(d)　正答（同様）と意味も形も無関係な語を同時提示（俳句）（正答：no）

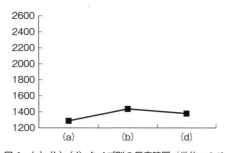

図6　(a)(b)(d) タイプ別の反応時間（単位：ミリ秒）

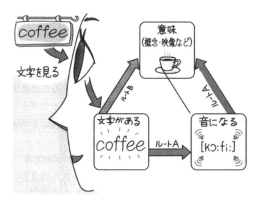

図 7　単語を見てその意味がわかるまでの二重アクセス
モデル：改訂版（門田・玉井 2004: 47 に基づく）

　では、(b)タイプのペアの意味判断がなぜ遅れることになったのでしょうか？　**図 7** は、先の**図 2** をわかりやすくイラスト風に表現したものです。

　(b)タイプ（entire-hole, 類似 – 動揺など）のペアを見ても、音韻表象を経由しないルート B で意味に至るのであれば、処理時間は他の(a)(c)(d)と同じ程度で、有意に遅くなることはないはずです。ところが、(b)タイプで意味判断が遅れるのは、英単語、漢字単語を見た（視覚処理）とたんに、自動的に発音（音韻符号化）してしまい、そこで得られた発音（音韻表象）が、(a)タイプ（entire-whole, 類似 – 同様など：Yes 判断）と同じであり、このことが原因で、2 語が意味的に無関係だと判断するのが遅れてしまったと解釈できます。言い換えると、視覚提示語の音韻符号化がその単語の意味処理の前提になっていて、私たちの意志とは無関係に自動的に生じることを示す結果であると言えます。そしてこのことは、外国語として学ぶ英語の単語でも、母語の日本語漢字でも基本的に同じであることを示唆しているのです。

　以上 2 つの研究成果は、書かれた単語の発音（音韻表象）は、語彙アクセス前に自動的に喚起され、それをもとに単語の意味が理解されることを示しています。

　これまでお話しした二重アクセスモデルは、認知神経科学（cognitive neuroscience）の立場からも、岩田（1996, 1998）による読み書きの二重回路モデルや、より最近の Dehaene（2009）による、読みの脳内機構モデルとし

てほぼそのまま提案されています。**図8**は、Dehaene（2009）に掲載された図を若干改訂したと思われる Dehaene（2013）のモデルです。

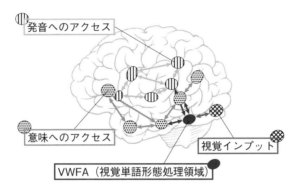

発音へのアクセス

意味へのアクセス

視覚インプット

VWFA（視覚単語形態処理領域）

図8　リーディングの脳内機構（The brain architecture for reading）：
Dehaene（2009: 63）を若干改訂したモデル
（Dehaene, 2013 に基づく）

　このモデルでは、Dehaene は、大脳後頭葉の視覚野で捉えた視覚インプット（visual inputs）を、「視覚単語形態処理領域（VWFA：visual word form area）」という、話しことばには反応しない、書きことばの処理に特化した脳領域で処理するというモデルを提案しています。そしてその上で、本章でお話ししたような、「音韻表象形成」、すなわち発音へのアクセス（access to pronunciation and articulation）と、「意味表象形成」へと至る意味へのアクセス（access to meaning）を実現していることが示されています。

　この新たに提案された VWFA は、視覚と音声言語を結びつけるインターフェイスの役割をしているもので、次のような特徴があると報告されています（Dehaene, 2009, 2013; Ward, 2010: 265）。

(1) 英語、中国語、ヘブライ語などすべての言語で、VWFA は、後頭葉から側頭用にわたる領域に存在して、リーディングの際に活動する。したがって、この領域が病変などによりダメージを受けると、後天的な純粋失読（pure alexia）と呼ばれる読みに特化した障がいを持つ。ただし、ライティング能力には何ら問題はない。

(2) 言語以外の各種視覚情報は、左右両半球に投影され処理されるが、この VWFA は、左大脳半球にのみに存在する、文字言語理解に特化した領域である。

(3) 文字をサブリミナルに呈示した場合でも、また視覚語を 150 〜 200 ミリ秒といった短時間提示した場合でも、活性化することから、読み手の意識的な処理ではなく、意思にかかわらず自動的処理が行われている。

(4) この VWFA は、すべての言語話者に共通したものではなく、文字を持つ言語の話者のみが備えた、比較的新しくヒトに備わった領域である。

　人間の脳は、生後 2 ヶ月の段階で既に周囲の人が発する音声を処理するなど、もともと発音の処理については優れた能力を持っています。これに対し、この VWFA は文字を持つようになった結果、初めて人類が使い始めた、文字言語処理を特別に担っている領域です。そして、この領域はまた、岩田（1996, 1998）が、仮名文字とは異なる、日本語の漢字の処理回路に相当する領域ではないかと考えた「左側頭葉後下部（left posterior inferior temporal lobe）」にあたるものです。この部位について、その後岩田（2001）では、漢字単語だけでなく、仮名単語も含めて、意味を持つ単語の視覚処理に特化した領域であると修正されています（門田, 2006: 49-50）。

2.2　語彙アクセス後音韻（post-lexical phonology）

　書かれた文や文章（テキスト）のリーディングにおいては、単語などの語彙、統語（文法）、意味、背景知識（スキーマ）など、読み手は長期記憶中の実に様々な情報（知識）を活用しています。ここでとり上げる語彙アクセス後音韻も、その情報源の 1 つだと言えます。

　語彙アクセス（認知）に活用すべく形成される音声である語彙アクセス前音韻は、その後、リーディングのプロセスの中でいかに保持され、どのように活用されるのでしょうか。このような語彙アクセス後音韻について、これまでの研究を集約すると、ワーキングメモリ内の音韻ループ（phonological loop）*2 内で保持され、統語的処理や意味的処理のための土台・枠組みとして活用されるということが見えてきます*3。

　音韻・音声情報がリーディングに関与するかどうかについて、かねてより次の2つの証拠が主として出されています。

（1）黙読中に調音器官（たとえば、口唇、喉頭など）の筋電位（electromyo-gram：EMG）を測定し、安静にしているときと比較した研究：音声器官の筋肉運動が、リーディング時に増幅しているというデータを出しています。また、母語だけでなく、外国語（フランス語）のリーディングでも、筋肉活動電位がさらに大きくなることを報告しています（McGuigan, 1970 など）。なお、この（1）のような筋肉運動で検出される音声化は、調音器官により内的に発音しているもので、しばしばサブボーカリゼーション（subvocalizaion）と呼ばれます。

（2）文やテキストの黙読と同時に、数字や無意味語などを機械的に繰り返し発声することを読み手に求め、どのような影響がリーディングに見られるかを検討した実験研究：音韻情報の記憶保持や音韻的ワーキングメモリ内の音声リハーサル*4 を制限*5 するタスクを黙読と同時に課すという二重処理課題による研究は、ほぼ一貫して、視覚的に提示された文の理解や記憶再生が、そのような干渉課題のない場合と比べて、大きく低下することを明らかにしています。これは、読み手の機械的発声が、音韻的ワーキングメモリにおける、語句や文の音声保持を圧迫し、結果的に、読みの情報処理過程がうまく機能しなくなるためだと考えられます。

＊2　これを、本書では、「音韻的ワーキングメモリ（phonological working memory）」と呼ぶことにする。第3章3. 参照。
＊3　ワーキングメモリについては、本書第3章1. を参照。
＊4　サブボーカルリハーサル、構音リハーサル、内語反復などと呼ぶこともある。
＊5　このような音韻・音声化を制限するタスクとしては、1から10まで小声で素早く繰り返す、「あいうえお あいうえお…」、"cola cola cola" などの発音を繰り返すなどが従来より採用されている。これらは、一般に、構音抑制（articulatory suppression）課題とか、同時構音（concurrent articulation）課題と呼ばれる。

　また、上記（2）のような二重処理課題では、リーディングのプロセスで
も特に、文の個々の単語の意味理解をしただけで解答できる設問では正解率
は下がらないが、個々の単語の意味をまとめる、高次の統合的処理が必要な
設問には解答が困難になるという結果が出ています。このことは、リーディ
ング中の音韻情報が、高次の認知的段階に重要な役割を持つこと、すなわち
音韻的ワーキングメモリに音声を保持しつつ、文法・意味処理の実行を促
進する働きがあることを示しています（Levy, 1977; Slowiaczek and Clifton,
1980 など）。

　さらに、外国語として英語を学ぶ日本人学習者（大学生）の黙読時に、同
様の二重課題を与えた研究（Kadota, 1984）では、リーディングで英文を処
理単位に分けるというチャンキング*6 に干渉することを示す研究成果を出し
ています。

　まとめると、黙読（リーディング）における音韻符号化は、読みにおいて
必須のプロセスである音韻的ワーキングメモリの活用を促進し、さらに英文
を情報処理単位やチャンク（processing units or chunks）に分割すると
いった、認知的段階の処理を円滑に進めるのに役立つことが示されているの
です（門田, 2006 ほか）。

　以上お話しした構音抑制課題の有効性については、実は批判の声もありま
す。たとえば、次のような主張です。

（1）構音抑制がリーディングに干渉するのは、実は、音韻的ワーキングメ
　　モリでの音声情報保持を阻害するからではなく、一般に人の注意を文
　　処理からそらしてしまうからではないか（Watters, 1985）

（2）また、構音抑制は、調音器官の筋肉運動を伴うサブボーカリゼーショ
　　ンを制限するタスクではあるが、非明示的*7 で調音を含まない聴覚レ
　　ベルの音韻表象までは排除できないので、そのタスクを課しても、何
　　ら読解中の音韻符号化について示唆する研究にはならないのではない

＊ 6　英語では、chunking。フレージング（phrasing）、セグメンテーション（segmentation）と
　　言われることもある。
＊ 7　英語では、implicit。内在的（covert）とも言う。

か（Coltheart, 1980）[8]

　確かに、筆者として、構音抑制課題について、（2）の可能性は残ると考え
ます。しかし（1）については、Levy（1977）、Slowiaczek and Clifton（1980）、
McCutchen and Perfetti（1982）、門田（1997）などが、構音抑制を課しても、
成績が落ちるのはリーディングのみで、リスニングでは有意な影響はないと
いうデータを報告しています。
　上記のうちで、門田（1997）では、日本人英語学習者（大学生）を対象
に、音声提示あるいは視覚提示した英語短文の記憶実験の結果を報告してい
ます。すなわち、次のような長さが5音節の文（I want an apple.）から24音
節の文（Last summer my brother took a trip to Canada, where he collected
a lot of strange pictures.）まで1音節ずつ長くなっていく20文を用意しまし
た。そして、LL教室にてヘッドフォンより聞いてもらった場合と、パソコ
ンの画面に同じ視覚提示して読んでもらった場合、さらに上記のそれぞれに
おいて、構音抑制を課した場合と課さない場合を区別して、英文の記憶成績
を比較しました。
　得られた実験結果は、次のとおりでした。

① 　音声提示（リスニング）したときには、構音抑制を課しても、ほとん
　　ど英文の記憶・再生成績は低下しない。
② 　視覚提示（リーディング）したときは、構音抑制により、はっきりと
　　英文の記憶・再生成績が落ちる。[9]

　これらの結果は、先に述べた構音抑制課題に対する懸念のうち、（1）につ
いてはほぼそれを払拭できることを明らかにしています。同時に、第二言語
（外国語）として英語を学ぶ日本人学習者の場合も、基本的には、英語母語

＊8　他に、チューインガムを噛みながら黙読すること、すなわち調音器官の明示的な運動を伴わ
　　ない音韻符号化も可能だという議論もある。
＊9　ここでは省略しているが、門田（2006, 2015）に、やや詳しい実験方法や結果の紹介がある
　　ので参照されたい。

話者と同様の方法で、書かれた英文を音韻的ワーキングメモリに取り込んで処理していることが示唆されます。

　次の図 9 は、脳神経科学の立場から、リスニング（聴覚）やリーディング（視覚）を通じて入力したインプットが、音声情報（語彙アクセス後音韻）として脳内で、いかに保持及び処理されているかの概略を、人の大脳左半球を側面から見たイメージ図で示したものです。すなわち、失語や、失認・失行などの臨床報告と脳損傷箇所との関係を詳細に検討した結果に基づいて、相馬（1997）によって提案されたものです。

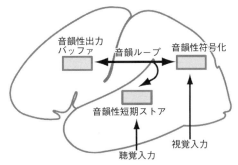

図 9　聴覚・視覚入力を脳内の音韻的ワーキングメモリ
　　　でいかに保持・処理しているかのイメージ
（相馬, 1997 所収の図を日本語化した門田, 2015: 184 の図を転載）

　リスニングを通じてインプットされた聴覚入力は、音声知覚するとそのまま大脳の聴覚中枢と密接に関連した音韻性短期ストア（音声記憶貯蔵庫）に入ります。これに対し、視覚提示語などを、リーディングを通じてインプットされた視覚入力は、視覚単語形態処理領域（VWFA）における視覚的分析のあと、音韻性符号化（語彙アクセス前音韻の形成）が行われます。そして、音韻ループ（音韻的ワーキングメモリ）に取り込んで、音声リハーサル（内語反復）を経て、音韻性短期ストアにおいて記憶・保持されます。そして発話（音声出力）の必要があるときは、その音声を音韻性出力バッファに一時的に蓄えつつ、句などの一定の単位（ユニット）に区切って、音声表出されるのです。まとめると、聴覚インプットと視覚インプットでは、音韻記憶の保持・形成の仕方が異なることがわかります。そして、このことが、構

音抑制の影響がリスニングとリーディングで違った形であらわれる原因であると考えられます。

　最後に、この**図9**には、Dehaene（2009）が示唆した「視覚単語形態処理領域（VWFA）」（**図8**参照）の位置は特に表示されていませんが、**図8**中の「発音へのアクセス（access to pronunciation and articulation）」という音声・音韻情報の保持や処理に関係する、縦線模様の楕円に関連する領域がどのようなものかが、より具体的に示されていると言えるでしょう*10。

3.　リーディング（黙読）における音声リズムの役割：潜在的プロソディとは?

3.1　リーディングにおける韻律構造仮説

　かねてより、ことばのリズム（speech rhythm）など、韻律（プロソディ：prosody）が、音声言語の理解において重要な役割を果たしていることが明らかにされています。これを受けて、英語のリーディングとリズムの関係について検討した研究があります（Kadota, 1987）。その実験1では、英語学力において等質な（A）（B）（C）3群の日本人大学生計135人に、230語程度の英文テキストを黙読してもらうと同時に、一分間92拍の等時リズム［（B）群］や、不規則リズム（一分間92拍、150拍、200拍の3種のリズムを順次交替させたもの）［（C）群］を聞いてもらった場合と、通常の黙読の場合［（A）群］の英文理解度を比較しました。それぞれのリズムは、メトロノームによって作成され、テープに録音した上で、ヘッドフォンを通じて参加者に提示されました。理解度テストの結果は次の**表3**のとおりで、(1)(2)のことがわかりました。

＊10　なお、ワーキングメモリのしくみについて、その詳細は本書第3章を参照。

表 3　(A)(B)(C) 群の英文理解度

	(A)	(B)	(C)
被験者数	46	46	43
平均	5.087	5.435	3.628
標準偏差	3.222	3.005	2.459

(12 点満点)

(1) 不規則なリズム刺激は読解過程に対して、英文の理解度を下げる干渉要因になる〔(C)<(A)〕
(2) 等時的なリズム刺激を与えても、干渉要因にならないばかりか、文章理解度を若干向上させる可能性がある〔(B)=(A)〕

　本章でこれまで詳しくお話しした、リーディング中の音声・音韻処理のしくみ（語彙アクセス前及びアクセス後音韻）は、文字入力を音韻変換することで、読み手に音声言語を処理するプロセスを一部再現させる役割を持つものであると言えます。そうすると、話しことばのリスニング時と同じように書きことばのリーディングにおいても、リズムなどのプロソディが重要な機能を持つようになることは想像に難くないと思います。
　Kadota による上記の実証データは、リーディング中の音声・音韻処理が喚起してくれることばのリズムなどプロソディ情報が、リーディング中に活用されている可能性を示唆しています。すなわち、外部的に別のリズム刺激が与えられても、それが、読み手が自らリーディング時に喚起する音声リズムにさほど干渉しない場合には、英文理解度を低下させる要因にはなりません。しかし、不規則な外部リズム刺激の場合には、読み手の英文読解に干渉し、理解度を下げることを明らかにしているのです。
　Kadota（1987）は、さらにその実験 2 で、その関連性が示唆された音声リズムが、リーディングのどのような段階で活用されているかについて実証的に検討しています。そこでは、読み手が、書かれた英文を句などのチャンク（phrase-like chunks）に分節化しているというそれ以前の研究成果（Kadota, 1984 等）を踏まえて実験計画を立てました。そして、そのような

50

チャンクが、音声的にはほぼ、発話のリズム単位（rhythmic unit）に相当することに注目しました。その結果、リーディング中に喚起された音声リズムは、書かれた英文を句チャンクに分節するときの重要な手掛かりを提供しているのではないかという仮説を立てたのです。

　実験手続きは極めてシンプルで、外国語として英語を学ぶ135人の日本人大学生に、実験1と同様の不規則リズムを聞かせると同時に、句ごとに斜線を入れたテキスト及び単語ごとに斜線を引いたテキストを黙読してもらい、英文内容の理解度を測定しました。Kadota（1984）による研究では、この句ごとに斜線を引いた英文テキストを読むと、単語ごとに斜線を引いたテキストや全く斜線が引かれていないテキストを読んだときよりも、チャンクに分節するための手掛かりが与えられているぶん、読みのプロセスが促進され、内容理解度が高くなるという結果を得ていました。

　Kadota（1987）で得られた結果を**表4**に示します。結果は明らかで、不規則リズムを聞きながら英文黙読をすると、句ごとに斜線を引くことのメリットが一切なくなることが判りました。すなわち、読み手自身が喚起するような音声リズムとは合致しない不規則リズムを、外部的にヘッドフォンを通じて与えられると、書かれた英文をもとにした音声リズムの活用が大幅に阻害されるのではないかと結論づけたのです。このような結果を解釈するための、1つの有望な可能性として、当時、英文リーディングにおける「韻律構造仮説（prosodic structure hypothesis）」が提案されました。

表4　不規則リズムが句および単語毎に斜線を引いた英文テキストの内容理解に与える影響
（Kadota, 1987 に基づく）

	句斜線	語斜線
人数	69	66
平均値	6.565	7.045
標準偏差	3.601	3.569

（12点満点）

　以上一連の研究成果は、他の実験研究からの実証的サポートが得られない、パイオニア的な成果としてその後、手つかずになってしまいました。と

ころが、次にお話しするような、Fodor（2002）をはじめとする心理言語学者により、「潜在的プロソディ仮説（implicit prosody hypothesis：IPH）」として、21 世紀に入って一躍脚光を浴びるようになったのです。

3.2　黙読における潜在的プロソディ仮説

　Janet Dean Fodor が、2002 年の論文等で提唱する「潜在的プロソディ仮説」は、書かれた文の統語処理（sentence parsing）への音韻論的アプローチとも呼ぶべきモデルです。次にその定義を意訳しておきます。

　　書かれた文の黙読では、読み手は、標準的なプロソディ構造を当てはめて、文の曖昧さを解消するための手掛かりにする。韻律以外の情報源が、特に重要な意味を持つのでなければ、読み手は「最も自然で標準的な韻律構造（most natural default prosodic contour）」を優先的にその文に関連づけながら読み進めていく。　　　　　　　（Fodor, 2002）[11]

　Fodor（2002）の論文（「心理言語学はもはやプロソディから逃れることはできない（Psycholinguistics Cannot Escape Prosody）」）の主旨を、要約すると次のようになります。

　　英語や他の言語の文の統語処理に関するこれまでの研究では、実験文は通常、紙やパソコン画面などに視覚的に提示されることが多かった。その際、読み手が頭の中で書かれたテキストを自動的に発音して、そこで形成した音韻表象（語彙アクセス前・アクセス後音韻）を手掛かりに、文処理をしていることは、実験研究上全く考慮されず、度外視されてきた。しかしながら、読みにおける音声化、音韻化を考慮することが技術的にも可能になった現在、音声言語が喚起するプロソディ（韻律）情報がい

＊11　元の英文は、次のとおり。
　　In silent reading, a default prosodic contour is projected onto the stimulus, and it may influence syntactic ambiguity resolution. Other things being equal, the parser favors the syntactic analysis associated with the most natural (default) prosodic contour for the construction (Fodor, 2002: 84).

かに活用されるかを研究するための態勢は十分に整ったのではないか。

　具体的に、Breen（2014: 37）は、書かれた文の処理研究における潜在的プロソディの対象として、「イントネーション（intonation）」、「分節化（phrasing）」、「強勢（stress）」、「リズム（rhythm）」があり、それらが文の統語処理にどう影響するかを研究することの必要性を強調しています。

　その後、英語母語話者や日本人英語学習者を対象に、リーディングにおける潜在的プロソディに関する実証研究が、実際に行われています。

　たとえば、Breen and Clifton（2011）はその実験1で、30人の米国の大学生に対し、limericks と呼ばれる5行詩を視覚提示し、リーディング時の眼球運動を測定しました。この詩では、1行目と2行目は厳格に同一の押韻形式をとることが知られています。使用した詩には、その詩の押韻パターンに合致する音節に強勢がある語や、合致しない音節に強勢がある語が含まれていました。

（1）1行目と2行目の押韻が一致（weak-strong/consistent）
　　There once was a clever *young* **gent**.（gent：紳士）
　　Who had a nice talk to *pre*・**sent**.（present a talk：話をする）
（2）1行目と2行目の押韻が不一致（weak-strong/inconsistent）
　　There once was a penniless **pea**・*sant*.（peasant：農民）
　　Who went to his master to *pre*・**sent**.（present：姿を見せる）

　その結果、予測と一致しない音節に強勢を持つ単語（（2）の pre**sent**）には、予測と一致する音節に強勢を持つ単語（（1）の pre**sent**）と比べて、眼球の停留時間が長く、読みが遅くなることが判明しました。このことは、詩の韻律情報（metrical information）が、単語の黙読に活用されていて、語の強勢位置との不一致を処理した結果、読みが遅くなったことを示唆しています。

　また、Watanabe（2014）及び Watanabe and Yokokawa（2015）は、黙読中の日本人英語学習者による英単語の強勢情報の利用に関する同様の研究を報告しています。そこでは、第1強勢のみを持つ語（例：technólogy、 occásional など）と、第 1・第 2 強勢をともに持つ語（例：díctionàry、dèmo-crátic）を含んだ文を視覚提示し、意味内容の理解も確認しながら、アイカメラによる眼球運動測定を行いました。視覚提示した文は、次のようなものでした。

（1）1 強勢語条件：

My father thinks the estáblishment of this school is a good idea.

（2）2 強勢語条件：

We will need prèparátion for this big experiment.

1 強勢語、2 強勢語別に眼球停留時間を求めた結果を**表 5** に示します。結果は、2 強勢語は 1 強勢語に比べて、よく出てきてなじみ深い高親密度語も出現頻度の低い低親密度語も、どちらの場合も、眼球停留時間が長くなる傾向が見られるというものでした。このことから、日本人英語学習者も単語の強勢という一種のプロソディ情報を、黙読において活用していることを示唆しています。

表 5　1 強勢語と 2 強勢語に対する眼球停留時間
（Watanabe and Yokokawa, 2015: 117 より転載）

	1 強勢語	2 強勢語
全単語	570	596
高親密度語	517	539
低親密度語	616	645

以上のような、黙読時の音声・音韻情報が喚起する「潜在的プロソディ」については、今後さらに研究成果が蓄積されていくことが予想できます。2015 年に刊行された Frazier and Gibson 編の論文集は、視覚提示文の統語処理にいかにプロソディ情報が活用されているかについての研究成果を集大成したものになっています。

4. リーディング力をのばす音読学習：インプット効果

　本章をここまで読み進めていただいた読者の皆さんは、黙読（書きことばの理解）といっても、実は音読と同様の音声・音韻処理が行われていることから、音読トレーニングが読解（リーディング）力を伸ばす効果があるのはもう自明の理で議論の余地はないと考えられるのではないでしょうか。

　しかしながら、実は、これまで母語や第二言語（外国語）のリーディングの教育・学習指導に従事する人達の音読に対する評価は、必ずしも一定していません。音読に対する評価の変遷については、既にやや詳しく議論しています（門田, 2015）が、ここではその内容を改訂しつつできるだけ簡単に記述したいと思います。

4.1　第1期：音読による文字 – 音の関連づけを重視

　従来は、母語における英語の読みの学習でも、音読は黙読の前提として、重要視されていました。

　1950年代後半までのアメリカ構造言語学の立場では、「ことばは第一に音声」というspeech primacyのテーゼ（thesis）がありました。このテーゼは、当時のリーディングの学習・教育に大いに影響しました。英語を母語とする子どもへの読書教育に強い関心を抱いていたFries（1962）は、「転移学習段階」が、その後の、本格的なリーディング学習の前提として最も重要だと考えました。すなわち、読みの学習をする最初の段階では、学齢期の子どもにとって既に習得済の音声言語の知識を、文字言語でも利用できるようにするという、文字と発音とを関係づける転移能力が必須だと考えました。そして、この音素 – 書記素の対応関係を身につけることが、リーディング学習の第一歩と考えたのです。そして、行動主義学習モデルである「習慣形成」理論をベースにして、「フォニックス」や「ホールワード」の学習法のノウハウを展開しました。

　この「書かれた単語を既に知っている音声言語に転移させること」が、リーディング習得に必須だという考え方は、そのために音読トレーニングが

大いに役立つという立場に直結します。この立場はまさに、母語でのリーディング学習に音読が非常に有効だというものでした。

4.2　第 2 期：読みのトップダウン処理を重視

　次の第 2 期は全く正反対に、音読は、リーディング（黙読）の学習・指導には役立たないという考え方をしていた時代です。

　理論的背景としては、当時の読みの心理言語学者による、「心理言語学的推測ゲーム説」（Goodman, 1967, 1971）、「非視覚的情報重視の立場」（Smith, 1973）が台頭し、さらには「スキーマ（スクリプト）理論」（Carrell & Eisterhold, 1983; Carrell, 1985 等）が全盛を迎えたことが挙げられます。

　この時期の考え方をまとめると（1）（2）のようになります。

（1）読み手は、書かれたテキストの理解を、すべての文字・単語を認知・理解しようとはせず、「選択的」に遂行する。

仮に、テキストの文字や単語をすべて知覚して初めて読みができるのだとすると、個々の文字の知覚に、約 1/4〜1/3 秒の時間がかかるというデータがあるので、せいぜい 1 分間に読める速度は 50 語程度になってしまいます。しかし、英語母語話者なら誰もが 1 分間に 300 語のスピード位でも意味を理解しつつ読んでいけます。そうすると、リーディングでは、すべての文字・単語を認識しないで、必要最小限の手掛かりのみをピックアップして読んでいると考えました。

（2）読み手は、テキストの意味を理解するために、極めて「能動的」「構築的」な予測検証過程をたどる。

たとえば、英語母語話者（大学生）に様々な英文テキストの音読をさせて、その際の読み誤りを分析した研究があります（Goodman, 1971）。その結果、読み誤っても文法・意味的に通じる場合には誤りに気づかず音読を続け、通じないときにだけ訂正することがわかりました。要は、Emerson once

said that every man is as lazy as he dares to be. のイタリック体 *said* を、
suggested と発音しても、自身の誤りに気づかないのです。これらを背景に、
読みは、必要最低限の手掛かりをもとに、「背景情報」（スキーマを含む）を
最大限駆使して積極的に内容について、「予測」を立てながら読むという立
場を展開しました。そして、立てた予測が正しかったかどうか検証しつつ
読んでいるというのです。

　このようなトップダウンの考え方は、その後、「スキーマ理論」へと発展
していき、テキストの内容に関する「内容スキーマ」や、文章のレトリック
や展開などの「形式スキーマ」が盛んに取り沙汰されるようになりました。

　このような第2期の理論的枠組みの中では、音読は、全く重要視されませ
んでした。すなわち、リーディングの要点は、個々の文字や単語のディコー
ディング（＝音韻符号化）ではなく、「選択的」「能動的な」な「予測・検
証」にあるので、書かれたすべての文字・単語を音声化する音読のトレーニ
ングは、上記の読みの中心的プロセスを阻害するという見方でした。

4.3　第3期：トップダウン処理の前段のボトムアップ処理の自動化を重視

　しかし、トップダウン処理のモデルも、その後大幅な転換を余儀なくされ
ます。その引き金となったのが、アイカメラを使った、眼球運動研究でし
た。実際、リーディング中の眼球は、予測・検証に不必要な語はとばして、
必要な手掛かりのみに停留するかというと、実はそうではなかったのです。
たとえば、Just and Carpenter（1980）は、母語話者の優れた読み手でも、
平均1.12〜1.2語に1回の割合で眼球の停留があることを報告しました。次
の**表6**は、英語母語話者による英文読解時の眼球運動の平均的データです。

表6　英語母語話者のリーディング時の眼球運動：基礎データ
（Rayner, 2001 に基づく）

1回あたりの停留時間	平均200〜250ミリ秒
眼球移動（サッカード）の時間	平均30〜40ミリ秒
1回の停留で知覚する文字数	ほぼ8文字分
逆戻りの割合	全体の眼球運動の約10%から15%程度

　リーディング時の以上の眼球停留データは、「選択的」読みを規定した「必要最低限の手掛かりのみ知覚する」という立場を完全に否定するものでした。

　さらに、こうして眼球により知覚された英文中のほぼすべての語は、これまで検討したように、自動的に直ちに音声化、音韻符号化されることが、わかってきました。そうすると、リーディングにおいては、トップダウン的な処理ももちろん行われますが、その前提として、音韻符号化などのディコーディングが一定の役割を果たしていることが明らかになったのです。要は、流暢な読み手（fluent readers）も、ボトムアップ過程を決して省略するのではなく、それを高速化（自動化）しているだけであることがわかったのです。

　流暢な読みの前提として、ボトムアップ過程の自動化が必須だと考えると、「視覚表象形成」や「音韻表象形成」を、音読トレーニングにより達成することの必要性や重要性は、読者の皆さんも容易に理解できるのではないでしょうか。書かれた英文の理解の前提となるディコーディングの高速化、自動化を図り、結果的に、読みの効率的な処理を実現する、これが、音読トレーニングの重要な効用である「インプット効果（input effect）」であると考えられます（門田, 2020）。

　わが国の英語など第二言語の学習・教育では、國弘（1970）が主張する「只管朗読」[*12] や、國弘・千田（2004）の「ぜったい音読」、さらには川島・鹿野（2006）の「英語速音読」などが、多少その目的や方法は異なっても、それぞれの観点から音読の学習効果を提唱しています。さらに、各種の英語教育関連学会おける実践報告や英語の学習・教育に関する研究書・啓蒙書などが数多くの実証データを提出しています（鈴木, 1998, 2009; 安木, 2010; 鈴木・門田, 2012; 門田, 2012, 2015 など）。

　英語（第二言語）教育以外の分野でも、声に出して日本語を音読することが認知能力開発に有効であることも多く指摘されるようになっています。たとえば、齋藤（2001）は、日本文（古典・現代文）の文章を音読することの

[*12]　曹洞宗の「只管打坐（しかんたざ）」をもじったもので、ただひたすら中学校の英語教科書等を音読することが、英語力アップの基本になるという主張です。

美しさに多くの読者の目を向け、母語教育（国語教育）について様々な試み
を実践しています。また、川島（2003）も、脳神経科学の立場から、音読が、
簡単な計算ドリルなどと同様に、大脳の言語中枢その他の広範囲にわたる活
性化（賦活）を生むこと、及びこのことが、新たな単語の記憶・学習に対し
大いに促進される効果があることを明らかにしています。

　しかしながら、これら第3期のリーディング研究の潮流が、第二言語（外
国語）の学習・教育に応用され、音読重視のアプローチが展開されているの
は、あくまでも日本国内での状況です。欧米など海外では、実は、依然とし
て音読は、読書（リーディング）学習で軽視され、また第二言語（外国語）
学習でも、同様にほとんど顧みられていません。

　これには、主に次の2つの理由があると考えられます。

(1) 音読のトレーニングは、シャドーイングなどと同様に、かつてのパ
　　ターンドリル（pattern drill：文型練習）など、双方的なコミュニ
　　ケーションとは無縁の、機械的練習をイメージさせる。

　確かにかつてのパターンドリルは、現在のコミュニケーション志向の学
習法（communicative approach）とは無縁の学習法でした。このパターン
ドリルは、行動主義心理学における刺激－反応－強化（stimulus-response-
reinforcement）の条件づけ（conditioning）をもとにしていました。そし
て、次のような、最初の文を聞いて繰り返し、キューに従って文を機械的に
変換していく練習法などは、典型例でした。

I play tennis every day.	\<Repeat\>
I play tennis every day.	\<Question\>
Do you play tennis every day?	\<Repeat\>
Do you play tennis every day?	\<Yesterday\>
Did you play tennis yesterday?	\<Repeat\>
Did you play tennis yesterday?	

　このパターンドリルに対する最大の批判は、文の前後の文脈を全く無視した極めて機械的な、双方性を持たない練習のための練習という点にあります。こういった練習が現在重要視されないのは、日本も海外も同様です。

　しかし音読（シャドーイングも含めて）は、文型練習などとは、はっきりと異なる側面があります。認知心理学がこれまで、人の心内（脳内）における情報の処理や獲得のしくみを探る上でその基本的なパラダイム（方法論）として採用した、プライミング（priming）による研究が、音読（シャドーイング）学習の基盤にあるのです。そして、リスニング、リーディングなどのインプット理解と、スピーキング、ライティングなどのアウトプット産出を結びつけるプラクティス（practice）としての効果が明らかになっています。言い換えると、プライミングによる内在化（インテイク）を目指す学習の一種で，とりわけ文脈処理などの意味理解を伴った、「意味的反復プライミング（repetition semantic priming）」型の学習法です（泉・門田, 2016: 363-365; Kadota, 2019: 第 6 章参照）。このような音読がもたらすプラクティスの学習効果は、学習ターゲット言語である英語と、その母語との言語間距離が大きい日本人など東アジアの英語学習者には、インプット処理とアウトプット産出をつなぐ重大な意味を持っていると言えます（門田, 2014: 329-331）。

　音読トレーニングに対する軽視は、それがパターンドリルを連想させる、双方的、相互交流的なコミュニケーション能力育成には役立たない方法だという認識が、日本や東アジア以外の、第二言語（外国語）習得の研究者、教師、さらには学習者には根強いからだと考えられます。これはリーディング（読書）教育についても例外ではありません。

　(2)　単調な自己完結型の音読練習では、音声言語の双方的コミュニケーション能力をつけるのは無理がある。

　音読は、本章でこれまでお話しした、リーディング（黙読）における内的な音声・音韻情報処理を、はっきりと明示的な形で、外的に音声化するタスクです。音読には次の図 10 の 4 つのプロセスが含まれています（門田, 2020）。

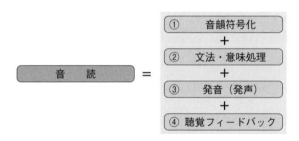

図10　音読における多重処理プロセス
（門田, 2020: 28 に基づく）

　すなわち、①音韻符号化、②文法・意味処理、③発音（発声）、および④聴覚フィードバックです[13]。

　これらのうち、④については、シャドーイングなどでも同様ですが、音読したアウトプット音声は、その都度学習者自身が自ら聞いてその成否をモニターしてチェックします（聴覚フィードバック：auditory feedback）。普段私たちが母語でスピーキングをしているときも、問題なく流暢に話せるのは、自身の声をきちんと聞いてフィードバックをしているからです。聴覚の障がいでこれがうまくできないととたんに発話が乱れていまいます。

　以上のように、音読は、①のプロセスのトレーニング効果として、文字言語を音声言語に変換する音韻符号化の自動化を促進します。また、ここで形成した「音韻表象」もとに、②の文法・意味処理を何度も繰り返すことで、書きことばの意味理解（読解：reading comprehension）も向上させます。さらに、③の発音（発声）と、④の聴覚フィードバックの繰り返しは、シャドーイングと同様に、スピーキング（発話産出）を部分的にシミュレーションする効果があるのと同時に、自身のパフォーマンスを自身で評価するメタ認知的モニタリングの育成を促進する効果があると考えられます（門田, 2018: 130-153）。

＊13　これら①〜④は、終章で詳しく取り上げます。

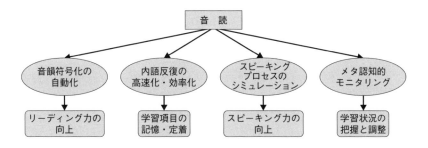

図11　音読の学習効果（門田, 2020: 22 に基づく）

　図11はこれらの音読の学習効果をまとめて、イメージ化したものです。し
かも重要な点は、音読における4つのプロセスは、ひとつひとつ段階的に実
行するわけではなく、ほぼ同時に多重的処理を繰り返し反復することにあり
ます。音読の持つこのような多重処理過程（multiple processing process）に
より、双方型のコミュニケーション（interactional communication）の前提と
なるオンライン性（同時処理能力）を獲得することが可能になると考えられ
ます。この同時処理能力を鍛える音読トレーニングを活用して、音読で他者
との双方型のコミュニケーションを目指すにはどうしたらよいのかという観
点から、映画やミュージカルのシナリオを活用した、バーチャルインタラク
ション（仮想的相互交流）を構築する試みを、最新の知見を踏まえて提案し
たものに、門田（2020）があります。
　読者の皆さんもぜひ実践されんことを願っています。

第3章
ワーキングメモリを鍛えることは第二言語リーディングに役立つか

1. はじめに：日常語になったワーキングメモリ

　ワーキングメモリほど、現在日常的なことばとして一般にも馴染みが深くなった専門用語はないのではないでしょうか。ここでワーキングメモリとは、人の認知的活動を実行していく上で必要な情報を、必要な期間だけ、能動的・意識的に保持し、処理するしくみを指しています（門田, 2015: 160）。

　たとえば、筆者が、夕食にカレーを作ろうとして、スーパーマーケットに向かうとします。スーパーの入り口で必要なものを心の中で音声復唱（音声リハーサル）します。野菜は、玉葱、人参、馬鈴薯…と音韻ループ内で反復します。でも実はもう1つ野菜を入れたいと思っていました。しかしその名前が出てこない、そのときはそれを視覚イメージして、視空間スケッチパッド内のインナースクライブで再生して視覚キャッシュに入れておきます（実はあまり馴染みのないマッシュルームでした）。次に肉です。牛肉を買おうと思うのですが、すき焼き用やしゃぶしゃぶ用でもない、カレーに適した肉ってどんなものか、やはりイメージしてキャッシュにいれておきます。それ以外に、カレーのルーやスパイスも購入します。どこのメーカーのどのルーが今夜は適しているか、一緒に食べる面々を考えて、音韻ループや視空間スケッチパッドに保存します。そうすると、スーパーの入り口から入って、どの順番で売り場をまわれば効率的か、一旦記憶した順番を入れ替えて、その計画を策定します。これは中央実行系の役割です。野菜売り場が入り口近くであれば、それから順に廻ります。そして音韻ループや視空間スケッチパッドを統括して、購入順を決めていきます。しかし、はたと、欲しいカレールーがこの店にあるかどうか不安になってしまいました。そのときは、まずはルー売り場に向かうことにします。これが計画の練り直しで、

「更新（updating）」です。そのとき、美味しそうなまぐろやウニを買って、袋に詰めている人を見かけます。カレーじゃなくて手巻き寿司もいいかなと思えてきます。でもそのときは、ぐっと我慢して、そのイメージが広がるのを防ぎます。これも中央実行系の役割で、「抑制（inhibition）」です。よし、カレーだと再度誓って、店に入りそれぞれの売り場に立てば、音韻ループや視空間スケッチパッドに保存した音声やイメージを検索して、順番にかごに入れていきます。

　いかがでしょうか？　「なんだ、難しそうだけど、生きて生活している間、ワーキングメモリって毎日使っているものなのですね。」多くの読者の皆さんの反応が返ってきそうです。そうです、このごく日常的なワーキングメモリは、料理を考えるためだけではありません。もちろん外国語（英語など）の処理や習得にも非常に重要な役割を担っています。

　本章は、このワーキングメモリのしくみについて、近年の認知心理学や神経科学研究の展開を簡単に報告し、提案されている第二言語ワーキングメモリモデルを紹介します。その上で最後に、ワーキングメモリ能力を鍛えるトレーニングが、外国語（第二言語）学習を促進するのかどうか検討したいと思います。

2.　ワーキングメモリって何?　どんなしくみがある?

　上例でも出てきましたが、必要な情報を知識（長期記憶）から検索してきて、ワーキングメモリ内の音韻ループや視空間スケッチパッドに保存し、またこれまでの体験であるエピソード記憶から様々な体験（カレーの例では、いつ誰と食べたあのカレールーが最高だったなど）を検索して、エピソードバッファに入れ、それらの情報を中央実行系の監視（supervising）のもとでコントロールしています。このワーキングメモリのしくみを説明しようとするモデルは、1999 年の段階で、既に 12 種類ほどが提案されていました（Miyake and Shah, 1999）。

　当時から現在まで、最もよく引用されてきた最有力のモデルは、Baddeley and Hitch（1974）による「多層モデル（multi-component model）」です（門田,

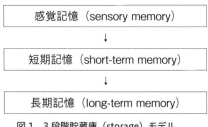

図 1　3 段階貯蔵庫（storage）モデル
（Atkinson and Shiffrin, 1968 に基づく）

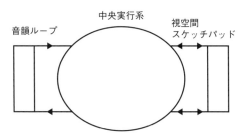

図 2　初期に提案されたワーキングメモリ
（Baddeley and Hitch, 1974 に基づく）

2006, 2015 等参照）。このモデルは、Atkinson and Shiffrin（1968）によって一応の体系化が完成した、感覚記憶、短期記憶、そして長期記憶という、かつての 3 段階貯蔵庫（storage）モデルを引き継いでいます（図 1）。

　そして、これをベースに、「音韻ループ（phonological loop）」と「視空間スケッチパッド（visuospatial sketchpad）」という領域固有（domain-specific）の従属システムと、それらを統括する領域一般（domain-general）の「中央実行系（central executive）」というシステムから成るモデルを考案しました。

　その後、Baddeley（2000）では、長期記憶との連携を強く意識し、「エピソードバッファ（episodic buffer）」を従属システムに加えた、新たな多層モデルを提案しました。さらに、Baddeley（2012）では、上記のエピソードバッファの位置づけの変更や、味覚、嗅覚その他の知覚インプットなども考慮した「試案的モデル（speculative view）」に展開しています（Baddeley, 2018）。

　以上の英国発のモデルに対し、主として北米の認知心理学者によるワーキングメモリモデルに、

   (1) Just and Carpenter（1992）

   (2) Cowan（1998）

などによる、「単一貯蔵システム（one unitary storage system）」を仮定したモデルがあります。

  （1）の Just and Carpenter によるモデルは、ワーキングメモリにおける処理（processing）と貯蔵（storage）はともに、「認知資源（cognitive resources（注意資源：attentional resources とも言う））」と呼ばれる、心内の利用可能な活性化した認知的作業スペース（作業机）を取り合うようなしくみを前提にしています。本書のテーマであるリーディング（読解）を例にとれば、英語などの外国語の文字体系に十分習熟しておらず、書かれた文字の認識である音韻符号化などのディコーディングに認知資源の多くを消費してしまう学習者（読み手）がいるとします。その学習者は、このために、読解（リーディング）において必要な文法・意味理解に十分な認知資源をまわすことができないばかりか、前後のコンテキストからの意味処理なども、到底おぼつかない状態になっています。Just and Carpenter によるこのモデルは、学習者の認知容量の制約に焦点を当てた考え方（容量理論：capacity theory）で、日本人英語学習者をはじめとする、外国語学習者の読解などの言語処理プロセスをうまく説明できるものとして、多くの研究者に言及、引用されているものです。

  もともとこのモデルは、読解などの言語処理に端を発したものです。したがって、ワーキングメモリの検査方法として、多くの研究者や教育関係者によって活用されている、「保持」と「処理」の効率的運用力を測定する、リーディングスパンテスト（reading span test）開発の基本コンセプトになったものです。

  なお、リーディングスパンテストとは、カードに印刷された短文を次々と声に出して音読しながら、それぞれの文の末尾の単語を、心の中で記憶しておき、あとで文末語を覚えているだけ再生し、何語再生できるかを測定するテストです。各受験者には音読（＝文の処理）と文末単語の記憶（＝保持）とが同時に要求されます（詳しくは、門田，2006, 2015 等参照）。

　次に、(2) の Cowan によるモデルでは、ワーキングメモリとは、長期記憶の一部で、意識的な処理対象になる、「活性化した短期的記憶（activated short-term store）」であると考えられています（Cowan, 1999, 2016）。つまり、長期記憶とは別個に一時的な記憶庫を設けるのではなく、一時的・短期的に能動的に処理されるようになった長期記憶中の情報（active portion of LTM）で、意識的な「実行や注意制御」の対象として、中央実行系からの制御（コントロール）を主に受ける「注意の焦点（focus of attention：FA）」を含む情報を、ワーキングメモリと考えたのです。

　ただ、ここで、読者の皆さんは、人が外界からの刺激インプットを取り込んでそれに意識を向けているのが、なぜ長期記憶の一部なのか不思議に思われるかもしれません。これは、私たちが視覚、聴覚などのインプット刺激を知覚することが、いかにして達成されるかに関わる問題でもあります。たとえば、日本人は虹（rainbow）を見たときに、一律に 7 色あるように見えますが、これは、「虹は 7 色」という長期記憶中の関連情報（知識）が大いに影響しています。つまり、虹であることを知覚したとたんに、虹に関連したこの 7 色という知識が検索され、「7 色」に見えてしまいます。それが証拠に、そんな知識のない欧米人に「何色ありますか」と尋ねても、人によって答えはまちまちです。また、イヌイットの人達は、2 色しか識別しないとも言われています。インプット情報の知覚は、このように関連知識を検索・活性化することで、達成されるのです。音声刺激も同様で、英語の /r/ 音、あるいは日本語のラ音 /ɾ/ を知覚するときも、英語や日本語の長期記憶中の分節音についての関連情報を検索してそれで知覚しています（門田, 2015: 103-104）。このような前提で、Cowan は、インプット刺激が取り込まれたとたんに、長期記憶中の活性化された情報と結びつけられると考え、それをワーキングメモリだと規定したのです。言い換えれば、取り込まれた瞬間に長期記憶中の情報と結びついて、「中央実行系の制御のもと、意識的に保持」されるのがワーキングメモリだという提案をしたのです。

　次の図 3 に Cowan のこの考え方（embedded-process）を反映したワーキングメモリのモデルを掲載します。

　なお、図 3 では、刺激インプットとして、ⓐ意識的に注意を向け、FA に

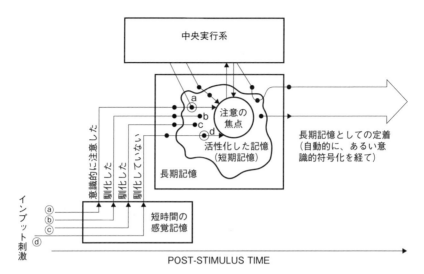

図3　Cowan による embedded-process モデル
（Miyake & Sha, 1999: 64 をもとにやや簡略化して掲載）

入る対象もあれば、ⓑⓒいつも見聞きして馴化し（慣れてしまい）ことさら注意を向けない、FA に入らない対象もあることが、さらには、ⓓ意識的に注意を向けてはいないものの、これまであまり見聞き（馴化）していないために FA に入る対象、という３種類が区別できることが明らかにされています。言い換えると、ⓐⓓの刺激インプットのみが、ワーキングメモリ内でFA（注意の焦点）になることが示されているのです。

　そして、長期記憶として定着させる際には、中央実行系の制御のもと意識的に符号化をした（記憶しようという努力をした）情報だけでなく、全く意識されず、注意の焦点にならないまま（中央実行系の制御も受けないまま）の情報もあることが示唆されています。通常、前者の意識的に長期記憶に定着させた情報を顕在記憶（explicit memory）、後者のいつの間にか覚えてしまった情報を、潜在記憶（implicit memory）と呼ぶことができます[*1]。

＊1　第二言語習得研究でしばしば議論される、顕在的（明示的）学習（explicit learning）と潜在的（暗示的）学習（implicit learning）について、それらが学習者の心内（脳内）の記憶プロセスに直接対応するものであるかどうかについては議論の余地がある。しかしながら、学習時

　なお、以上のような注意の焦点になるワーキングメモリの容量について
は、Cowan（2000）が、それまで長く信じられてきた Miller（1956）による
7±2 項目説を覆して、4±1 項目であるという説を提案して、その名が一躍
世界的に有名になりました（門田 2015: 158-159）。

　最後に、これまで第二言語習得でしばしば議論されてきた「インプット」
と「インテイク」の区別をこの Cowan のモデルはうまく説明してくれま
す。これまでも、英語など外国語のインプットは、学習者に知覚され、理解
されて初めて学習の対象として処理されるのです。学習者に知覚・理解され
ないインプットは、インテイク（intake）されません。これまで、BGM 代
わりに英語を「聞き流す」学習法の効果があまりないことが指摘されてきま
した（門田，2014: 64）。多くの人がそれぞれ会話を楽しんでいるカクテル
パーティーなどでは、選択的注意（selective attention）と呼ばれるしくみ
があるおかげで、私たちは周りの話し声を聞かずに、自分の話し相手の音声
に注目できます。図 3 の Cowan のモデルでは、しばらくパーティーに参加
していて、馴化した周りの発話は、FA としてはワーキングメモリに取り込
まれないのに対し、話し相手の発話については、「意識的に注意」を向けて
いるので、FA に入るということで説明できます。英語学習に関心の低い学
習者が、いくら英語の音声インプットを提示されても、それが FA にのぼら
ないので、インプットはされてもインテイクされることがほとんどないの
は、この選択的注意が働いているためです。

　以上、本章では、これまで提案された様々なワーキングメモリモデルは、
① Baddeley による多層モデル、② Just and Carpenter による容量理論モデ
ル、③ Cowan の注意の焦点モデル、の 3 種類に大別できることをお話しし
ました。その中で、かつての「感覚記憶→短期記憶→長期記憶」という 3 段
階貯蔵庫モデルや初期の多層モデルの時代とは異なり、長期記憶との連携を
強く意識し、むしろ長期記憶はワーキングメモリシステムの不可欠な一部分
を構成しているという考え方が共通していると言えます。

の枠組みとしては、上記の顕在記憶や潜在記憶の形成プロセスに対応した学習方法であること
は間違いない（終章参照）。

3. 第二言語ワーキングメモリ（L2 WM）モデル

　私たちの母語（日本語）使用時と第二言語（英語）使用時とを比べると、ワーキングメモリの活用について、どのような違いがあると考えられるでしょうか。

　母語では、メンタルレキシコンからの語彙検索も、また文の構造把握など統語処理も、自動的に潜在的に実行されることが多く、そのぶんワーキングメモリ、特に中央実行系の活動をことさら意識することはありません。それに対して、第二言語を使うときは、既知の語彙数も少なく、その検索に時間がかかり、また主語、動詞、目的語など文の統語構造の把握も自動的にはできません。ましてや前後のコンテキストとの意味的照合なども、認知負荷が高く、Just and Carpenter のモデルが喚起してくれるように、「認知資源」や「注意資源」を効率的に活用して、認知的作業スペースをうまく配分することが極めて重要になってきます。

　しかしながら、以上は、ある程度第二言語に習熟した学習者のワーキングメモリ活用状況です。学習者自身が、自らの学習タスクの処理状況をメタ認知的にモニタリングしたり、自身の発話の誤りに気づいて自己修復（self-repair）するメタ認知的制御（コントロール）をしたりするといった中央実行系の役割は、多少とも母語話者の言語運用プロセスに近づきつつある、熟達した段階です。そうではなく、英語など第二言語習得の入門期にいる、習熟度の低い学習者の場合は、新たな語彙や単語の連鎖（フォーミュラ）を長期記憶に転送するには、まず音韻ループでの音声リハーサルなどの役割が非常に重要であると言えます。以上のような、第二言語の発達段階に対応したワーキングメモリとして、Wen, Mota, and McNeil（2015）および Wen（2016）による第二言語ワーキングメモリの統合的モデル（**図4**）があります（Kadota, 2019 等）。

　以上のモデルは、Baddeley のモデルをベースに作成されたものですが、音韻ループおよび視空間スケッチパッドはそれぞれ、「音韻的ワーキングメモリ（PWM：phonological working memory）」および「視空間的ワーキ

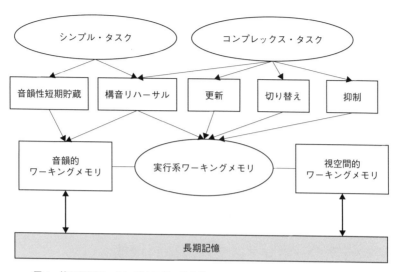

図 4　第二言語ワーキングメモリの統合的フレームワーク（integrated WM-SLA framework）を簡易化して掲載（Wen, 2016: 83 に基づく）

ングメモリ（VWM：visuospatial working memory）」と、さらに中央実行系は、「実行系ワーキングメモリ（EWM：executive working memory）」と、若干名称を変更しています。また、長期記憶（LTM：long-term store）は、ワーキングメモリと緊密な関係にあると捉えられています。さらにPWM に 2 つのサブシステムとして、音韻性短期貯蔵（phonological short-term store）と構音リハーサル（articulatory rehearsal）があること、実行系ワーキングメモリの代表的機能として知られる、更新（updating）、切り替え（switching）、抑制（inhibition）も図内に示されています（門田，2018: 143; 門田，2015: 324 参照）。また、PWM と EWM という第二言語習得に特に活用されるシステムには、それぞれの容量を測るメモリースパンテストである、シンプル・タスク（simple memory span tasks）とコンプレックス・タスク（complex memory span tasks）についても言及されています。前者のシンプル・タスクには、D-span（digit span: 数字スパン），W-span（word span：語スパン），NWR-span（nonword repetition span：非単語復唱スパン）などが、後者のコンプレックス・タスクには、R-span（reading span：

リーディングスパン）, O-span（operation span：オペレーションスパン）, N-back-span（Nバックスパン）などの計測方法があることが知られてます[*2]。最後に、第二言語習得にあまり影響しない、視空間的ワーキングメモリについては、特にその中身は図示されず、省略されています。

　まとめると、以上のような第二言語使用におけるワーキングメモリの発達モデルでは、入門期の学習者では音韻的ワーキングメモリの役割が重要で、比較的熟達した段階では、実行系ワーキングメモリが主な役割を占めるようになることがわかります。なお、第二言語の語彙処理において、この実行系ワーキングメモリの活用が必須になる語彙テストとして、CELP-com テストがあります（本章8節参照）。

4. 実行系ワーキングメモリの神経機構

　実行系ワーキングメモリは、主に情報の、（1）更新（updating）、（2）切り替え（switching）、（3）抑制（inhibition）を担うことは**図4**からもうかがい知ることができます。これらの機能は、具体的には、それぞれ次のような内容を指しています。

(1) 更新：与えられた課題に従って、記憶の中身を更新する能力。たとえば、次々とPC画面に提示される英文字で、現在提示されている文字と、n個（nは2や3など）前の文字が同じかどうかを判断するN-back課題をこなすのは「更新」能力のテスト課題です。

　たとえばnが3である場合では、現在提示されている文字が「C」であれば（条件①）、その3つ前は「N」で異なる文字なのでNoと判断することになります。また、提示中の文字が「A」であれば（条件②）、3つ前は「a」なのでYesと判断することになります（**図5**）。

---

*2　これらのタスクが具体的にどのようなものであるかについては、Wen（2016）などを参照されたい。

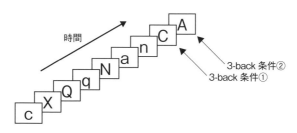

図 5　更新能力テスト例としての N-back 課題
（苧阪, 2002, 門田, 2006: 19 を一部修正して掲載）

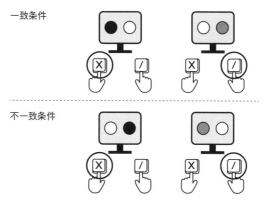

一致条件

不一致条件

図 6　サイモン課題（上：一致条件、下：不一致条件）
（http://www.s12600.net/psy/python/24-1.html の図に
基づく）

（2）切り替え：あるタスクから別のタスクに切り替える能力。たとえば、
　　数字の足し算から引き算に切り替える際の認知コストの大きさなどを
　　測定します。

（3）抑制：陥りやすい反応を我慢して「抑制」できるかどうかに関する能
　　力。たとえば、サイモン課題では、パソコンのディスプレイの左か右
　　側に、赤マル（●で表示）または緑マル（●で表示）を提示し、実験
　　参加者にマルの左右位置は気にせず丸が赤色なら左キー側（x）を、
　　緑色なら右キー（／）を押してもらい、キー押しまでの反応時間を測
　　定します（**図 6**）。左側に赤丸、右側に緑丸が提示される一致条件

（congruent condition）と比較して、左側に緑丸、右側に赤丸が提示
される不一致条件（incongruent condition）では、反応時間が有意に
遅くなるというのが一般的に得られる結果です。

以上のような実行系ワーキングメモリについて、f-MRI（機能的磁気共鳴
画像法）などの非侵襲的な脳内イメージング技術の進歩により、その脳内機
能について様々なことがわかってきました。
　Osaka（2014）は、次のように実行系ワーキングメモリの機能をまとめて
います。

> The central executive plays the largest role, acting as the "mind's
> control tower" as it is responsible for deciding what to focus attention
> on and what to remember in order to achieve a given target goal.
> （中央実行系は、特定の目標達成に向けて、何に注意を向け、何を記憶
> するかを決定する際の責任を担う、「心の司令塔」として最大の役割を
> 果たしている。）

そして、次の３つの領域が、それぞれの役割を果たすことで、この心の司
令塔の機能が実行されていると考えられています。

(1) 背外側前頭前野（DLPFC：dorsolateral prefrontal cortex）
　　注意を一定のターゲットに維持する機能（attention maintenance）
(2) 前帯状皮質（ACC：anterior cingulate cortex）
　　刺激の競合を察知して、陥りやすい反応を我慢して「抑制」する機能
　　（inhibition control）
(3) 後頭頂皮質（PPC：posterior parietal cortex）
　　前頭前野ではありませんが、刺激の切り替えを行う機能（attention
　　switching）

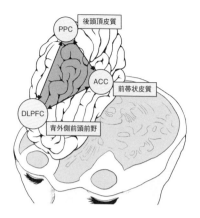

図 7　中央実行機能に関わる DLPFC、ACC、PPC の位置
関係とその機能（Osaka 2014: 8 に基づく）

以上（1）〜（3）の各脳領域をイメージしたのが**図 7**[*3] です。

　以上の大脳領域の中で前頭前野は、人の場合、①目標を設定して計画を立てる、②その目標に向かって計画を実行に移す、③うまく注意の配分をとりながら行動する、といった、社会的で、創造的な活動を行う、最も高次の認知機能を実行する場でもあります。この中央実行系の機能が、前頭前野を中心に位置しているのは、この領域が、課題に対する私たちの「意欲」や「動機付け」と密接に絡んでいるからではないかという指摘があります（渡邊, 2004）。一般に、前頭前野を損傷した患者の場合、動機・意欲なども含めた、感情や情緒面での障がいを引き起こしてしまうことがあるようです（苧阪, 2002）。

　上記（1）〜（3）の中で、前頭前野に位置する DLPFC の役割に関連して、実験参加者（被験者）に、次の 3 種類の課題をしてもらった研究があります（Petrides, Alivisatos, Meyer, & Evans, 1993）。

①　1 から 10 までの数字を 1 秒に 1 つずつ 1、2、3……と順序通りに声に
　　出して言ってもらう。

＊3　モニタリングについては、本書最終章に詳しい解説がある。

② 1から10までの数字を順序通りではなくランダムに、しかも重複しないように1秒に1つずつ声に出して言ってもらう。

③ 実験者が、1から10までの数字を順序通りではなくランダムに重複しないように1秒に1つずつ声に出して数えて言うのを聞いて、それを被験者が覚えておき、後で1つだけ言われていない数字を指摘してもらう。

課題を実行してもらったときに、脳内活動の可視技術の1つであるPET（positron emission tomography：陽電子放射断層撮影）測定を行うと、②③の課題ではいずれも、DLPFCの活性化が報告されました。つまり、課題①では、単に数字を順に言えばそれで達成できます。しかし、課題②③は、既に言った数字や聞いた数字を記憶しながら、まだ言っていない、あるいは聞いていない数字を次々と更新していくという極めて認知負荷の高い課題です。このような課題では、うまく認知（注意）資源を配分しながら実行することが求められます。言い換えると、中央実行系の活動が不可欠で、その際の責任領域が、DLPFCだということがわかったというのです（図8）。

以上まとめて、実行系ワーキングメモリを支えるDLPFCとACCの役割については、次のように整理できます。

図8 Petrides, Alivisatos, Meyer, and Evans（1993）における実験のイメージ

(1) DLPFC：与えられた課題を実行するための十分な注意資源を確保しながら、それを課題の実行中、維持する。

(2) ACC：競合する反応にどう反応したらよいかその対応を指令する。すなわち、課題の実行を妨害するような、主たる刺激とは異なる第二の刺激が存在する場合に、第二の刺激の処理に移行してしまわないように両刺激をモニターしつつ、第二の刺激処理が想定以上に注意資源を占有してしまった際にその刺激の処理を抑制する働きをする。

　要は、注意資源を効果的に配分しつつ、対象とする課題に集中するための脳領域と、そのために不要な情報の処理を押さえるような領域が存在し、両者がうまく協同して働きあって、中央実行系が機能していることが明らかにされているのです。

5. バイリンガル話者と実行系ワーキングメモリ

　Cook（2016）は、第二言語を学習している L2 learner（第二言語学習者）の頭の中には、その学習者の母語（第一言語）と、学習途上の中間言語（interlanguage）として、第二言語とは異なる、それとは独立した学習者自身の言語が入っているという多重能力（multi-competence）モデルを提案しています（**図 9** 参照）。

　そして、実際の生活で第二言語を使っている L2 user と、毎日使うわけではない状況で第二言語を習得しようとしている L2 learner とを区別した上

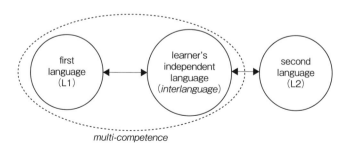

図 9　多重能力モデル（Cook 2016: 20 に基づく）

で、どちらも習得対象言語の母語話者（native speaker）にあこがれ、それに可能な限り近づこうとする志向があることを指摘しています。Cook（2016）は、しかし、母語話者を目標として、それとの運用能力がどれだけ隔たりがあるかという基準で、L2 user や L2 learner の第二言語能力を測定・評価することは誤りであることを、次の2点を挙げて、力説しています。

(1) 理想的な目標とすべき母語話者を仮定すること自体困難である。
(2) L2 user や L2 learner は、既に母語（第一言語）を脳内に持った存在（多重能力＜multi-competence＞保持者）で、母語話者を習得目標にしてそれと比較すること自体無理がある。

したがって、L2 user や L2 learner の第二言語能力は、母語話者を基準にするのではなく、熟達した L2 user を基準にしてそれとの比較で評価すべきであるというのです。

モノリンガル話者とは異なり、L2 user や L2 learner が、より複雑な多重能力を脳内に保有することは、それだけ先に解説した DLPFC や ACC などの前頭前野を駆使した実行系ワーキングメモリを盛んに活用する必要があることを示唆してくれます。すなわち、第二言語（L2）に熟達する前のレベルにある中間言語を使うことは、とかくすぐにポップアップしがちな第一言語（L1）を抑制しつつ、ターゲットとなる中間言語に注意を維持し続けることが必要になるからです。

バイリンガル話者は、以上のような実行系ワーキングメモリの活用を継続した結果、モノリンガル話者に比べて、認知症の発症が約4.1年遅くなるという、カナダ・ヨーク大学の Bialystok 教授による研究成果（Bialystok, 2011 など）が報告されています。トロントのある記憶診療所を受診したアルツハイマーなど認知症患者184人を対象に、症状の経過と学歴や職業などとの関連について分析した結果、若いころから2言語を使い続けてきたバイリンガル話者93人の認知症の発症年齢は平均75.5歳であったのに対し、モノリンガル話者91人の平均発症年齢は71.4歳であったというのです。

このようなバイリンガルであることの利点は、またエジンバラ大学の

Thomas H. Bak というバイリンガリズムの研究者による、スコットランド
で 11 歳の頃の IQ テスト結果と、73 歳の時の Moray House Test（MHT）
という、一般的認知能力（主には推論能力）を問うペーパーテストの結果と
の関連を調べた、866 人という大規模調査の結果からも支持されています
（Bak, Nissan, Allerhand, & Deary, 2014）。

　門田（2015, 2018）は、以上のような研究成果をもとにさらに、日本語と英
語のような言語間距離の大きい 2 言語を使用する L2 user や L2 learner のほ
うが、さらに認知症の発症が遅くなるのではないかという仮説を提示してい
ます。

　事実、言語間距離と脳活動との関係を示した実証研究もあります（木下,
2007）。すなわち、印欧語族に属するスペイン語、ポルトガル語、ポーラン
ド語を母語とする英語学習者＜(a)群＞と、言語間距離が大きな日本語、中
国語を母語とする英語学習者＜(b)群＞に、英語のリスニングを課し、その
際の脳活動を近赤外線分光法（NIRS）により計測した研究です。そうする
と、TOEIC のテストでは同様の成績を収めていた（a）（b）両群が、NIRS
による大脳の活性化についてのデータでは、（b）群のほうが（a）群よりも
有意に脳活動が大きいことが明らかになっているのです。

　以上のバイリンガル話者や言語間距離についての成果は、ことばの使用
が、私たち人類の脳、とりわけ前頭前野を他の動物と比べて、大きく発達さ
せた原因ではないかと推測させてくれるものです（門田, 2018: 138; Kadota,
2019: 137）。ことばを使う能力を取得した結果、大脳全体の中で、前頭前野
が占める割合が、他の動物（ネコ、イヌ、サルなど）と比較しても格段に大
きくなったと言えるのではないでしょうか。さきほど紹介した Bialystok
（2011: 233）も、バイリンガル・モノリンガルといった言語使用が、"a striking
example of how ordinary experience accumulates to modify cognitive
networks and cognitive abilities「毎日の体験が積み重なって脳内ネットワー
クや認知能力を形成する格好の事例である」"と自身の研究成果をまとめてい
ます。

6. 実行系ワーキングメモリの司令塔機能

　バイリンガル話者やL2 user・learnerが、とかく前面にポップアップしてくる母語（L1）を抑制しつつ、第二言語に注意を継続的に維持するという、実行系ワーキングメモリの使用が、認知症の発症を遅らせるなど脳トレとして有効であることは、よく理解いただけたかと思います。では、この実行系ワーキングメモリの能力は、Baddeleyのモデル（**図2**）やWenのフレームワーク（**図4**）で示した、音韻ループ（音韻的ワーキングメモリ）や、視空間スケッチパッド（視空間的ワーキングメモリ）よりも、さらに高次の司令塔機能を本当に持っているのでしょうか？

　録音された3〜9個の数字を聴覚的に提示し、提示終了1秒後に、それぞれの数字列を口頭で再生させる課題では、普通、聞こえてきたそのままの順に再生する「順唱」課題よりも、提示された順とは反対に最後から最初へと数字を再生する「逆唱」のほうがはるかに困難です。一般に、順唱は、音韻的ワーキングメモリにおける保持能力の指標で、逆唱は、音韻的ワーキングメモリを制御する実行系ワーキングメモリ能力の指標になると言われています。

　また、1分間でできるだけ多くの、「動物」「果物」「乗り物」のカテゴリーに入る語を思い出して言うカテゴリー語想起テスト（CFT：Category Fluency Test）と、「し」「い」「れ」などの頭文字から始まる語を思い出して言う、頭文字想起テスト（LFT：Letter Fluency Test）があります。前者は、カテゴリーに入っている語を思い出すので、イメージなど視空間メモリの活用が有意で、後者は音声に基づく音韻的ワーキングメモリの活用が有意であることが知られています。

　以上の各テストと、先に紹介した「保持」と「処理」の効率を測定する、リーディングスパンテスト（RST）を、認知症患者に対して実施して、各テストの成績や、テスト間の相関関係を分析したのが、吉村・前島・大沢・苧阪（2016）の研究です。

　実験対象としたのは、もの忘れが主な症状である52名の認知症患者（ア

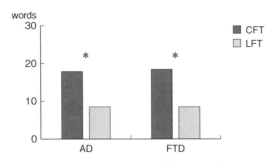

図 10　CFT と LFT の想起語数：認知症群別
（吉村・前島・大沢・苧阪, 2016: 19）

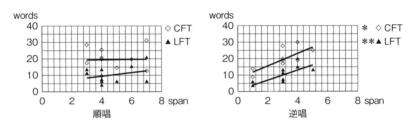

図 11　AD 認知症群における LFT・CFT と数字の順唱・逆唱との間の相関
（吉村・前島・大沢・苧阪, 2016: 20）

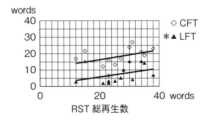

図 12　FTD 認知症群における LFT・CFT と RST（再生語数）間の相関
（吉村・前島・大沢・苧阪, 2016: 20）

ルツハイマー型＜AD＞35 名、前頭側頭型＜FTD＞17 名）でした。

　上記図 10 〜図 12 では、有意な結果が得られた場合のみ掲載していま
す。主な結果は次の通りです。

　(1) 両方の認知症群とも、CFT のほうが LFT よりも、1 分間で有意に多

くの語を想起して報告できた（図10）。

(2) AD認知症群とFTD認知症群の間で、RSTの成績に有意差は見られなかった。

(3) AD認知症群では、LFT・CFTとRST間では有意な相関はなかった。また、LFT・CFTと数字の順唱・逆唱との間では、逆唱と有意な相関があり、LFTのほうがやや大きな相関が見られた（図11）。

(4) 対照的に、FTD認知症群では、LFT・CFTとRST再生語数間で有意な相関があった（図12）。また、LFT・CFTと数字の順唱・逆唱との相関は見られなかった。

ADとFTDの認知症型の差が何を意味しているかは、今後の実証的検討を待つ必要があります。しかし、全体的には、次の2点は重要な、示唆的な結果であると言えるでしょう。

(1) LFTのほうが、CFTよりも想起語数が少なく、困難なタスクである。これは、別に認知症の方だけでなく、誰しも経験することではないでしょうか。辞書などとは異なり、私たちの頭の中のメンタルレキシコンでは、文字表記ではなく、単語の意味概念に基づくネットワークが形成されているからだと考えられます（門田（編著）, 2003）。

(2) 数字の順唱よりも逆唱想起のほうが、LFT・CFTと相関するが、とりわけLFTとの相関のほうがやや高い（AD認知症群）。逆唱において必要とされる能力は、数字列を順番に記憶するだけではなく、順序を逆にするという実行系ワーキングメモリの操作が必要になってきます。その結果、意味概念よりも文字表記といった言語に基づく想起との関係がやや強く見られる可能性が指摘できるのです。

以上のように、LFTやCFTの能力測定をすることは、音韻的、あるいは視空間的ワーキングメモリの能力だけでなく、実行系ワーキングメモリ能力の測定につながることが示唆されています。

以上の結果に関連して、Rende, Ramsberger, and Miyake（2002）は、**表**

1のような対応表を示し、実行系ワーキングメモリが、LFT と CFT の両方をコントロールする司令塔の役割を果たしているのではないかという枠組み（モデル）を提案しています。

表1　LFT、CFT とワーキングメモリ（WM）システムとの関連
（吉村・前島・大沢・苧阪 2016: 17 に基づく）

	WM のシステム	WM の機能	WM の果たす機能
CFT, LFT	実行系ワーキングメモリ	注意制御（司令塔）	下位システムのコントロール
LFT	音韻的ワーキングメモリ	言語性短期記憶	言語音声に基づく語検索
CFT	視空間的ワーキングメモリ	視空間性短期記憶	イメージ（意味概念）に基づく語検索

7. リーディングにおける実行系ワーキングメモリ：批判的読み

　第二言語リーディングにおいて、実行系ワーキングメモリを駆使したメタ認知的活動（metacognitive activity）が必須になる読みに、「推論的読み（inferential reading）」と「批判的読み（critical reading）」があります。本節では、このうち、前者の読みを含む、より高次の活動である批判的読みに焦点を当てて検討したいと思います。

　ここで、メタ認知的活動とは、「自分の行動・考え方などを客観的な眼から見て認識する活動」で、メタ認知的モニタリングとメタ認知的コントロールから成っています（三宮, 2008; 門田, 2018 等）。このメタ認知的活動において重要な役割を果たしているのは、既にお話ししたように、大脳前頭前野で実行機能を担う実行系ワーキングメモリです。

　批判的読みにおいて活用されるのは、「批判的思考（critical thinking）」です。佐伯・渡部（2010: 261）によれば、「批判的思考とは、規準（criterion）に基づく合理的（理性的，論理的）で偏りのない思考である」と定義されています。自分自身の推論プロセスを意識的に省察するもので、人の話を聞いたり、文章を読んだり、議論をしたり、自分の考えを述べたりするときに働

いているものだと言えます（佐伯・渡部, 2010）。

　一般に、友達とたわいもない会話を楽しんでいるときは、同調はしても、批判的思考を行う必要はありません。批判的思考に際しては、まず周りの状況を解釈して, 批判的思考を働かせる必要があるかどうか、メタ認知的活動を実行して判断を下します。次に、批判的思考のスキル（技術）としてどのようなものが適切かを考えて選択します。この段階での主なスキルには、次のようなものがあります（佐伯・渡部, 2010）。

(1) 明確化：問題の所在やテーマ、論の展開の方法、発問（なぜか、何が重要か、事例は何か、など）、用語の定義などについて、その合理性について検討します。
(2) 情報源の信頼性の判断：「専門家によるものか」「様々な情報源で一致した見解であるか」「手続きは正当なものか」などの判断があります。
(3) 推論による判断：演繹的・帰納的判断や価値判断などを実行します。

　批判的思考では、以上のようなスキルを用いて、情報の中身を理解しつつも、実行系ワーキングメモリを駆使したメタ認知的活動を活用して、よりよい結果が得られるような発言や作文を行います。

　このようなメタ認知的活動に基づく批判的思考を、読むこと（リーディング）に基づく第二言語（英語）習得に応用した学習書に、門田・長谷・氏木・ホワイト（2020: 78-89）があります。

　この学習書では、英語における批判的読みとして、書かれていることを鵜呑みにすることがリーディングではなく、次のようなメタ認知的モニタリングの実行を推奨しています。

　　　　　字面通りの意味理解　＋　批判的思考にもとづく読み

具体的には、次のような手順が推奨されています。

(1) 書かれている情報がどこから来たものかその出所を問う。
(2) 著者はどんな人物か考えてみる。

（3）著者はどんな目的で書いているか、内容に根拠があるか、書き方は
　　偏っていないかを検討する。
（4）書かれている内容をもとに「推論」しながら読み、筆者の言いたいの
　　はこれではないかと考え、そして内容について、自分は賛成か，反対
　　か、その理由は何かなど評価する。

　以上のような批判的読みを支えるメタ認知的活動は、実行系ワーキングメ
モリの重要な機能の一部であると言えます。
　学校を卒業してからの大人の学習は、教育によらない、一生涯にわたる学
習です。実行系ワーキングメモリを活用したメタ認知的活動による批判的
リーディングのスキルを習得し、日常的に実践することは、私たちが普段の
経験から学び取るキーポイントになると言えるでしょう。

8.　ワーキングメモリトレーニングと第二言語習得

　本章の最後に、これまでお話ししたワーキングメモリ、とりわけ実行系
ワーキングメモリのトレーニングが第二言語習得に一定の効果が見込めるの
かどうかについて検討したいと思います。
　ワーキングメモリ能力は、トレーニング（訓練）によって、様々な効果を
もたらすことが報告されています。ワーキングメモリトレーニングの効果に
は、次の 2 種類が考えられます（Hayashi, 2019）。

（1）記憶など直接関連するタスクへの転移（near-transfer）
（2）記憶とは無関連なタスクへの転移（far-transfer）

　（1）に比べて、（2）の転移は、ある程度持続的（sustainable）な効果で、
多くの教育関係者の期待が込められていると言えます。特に、そのトレーニ
ング効果は、視空間ワーキングメモリタスクに確固とした（robust）影響が
あると言われます（Vartanian, 2015）。
　さらに、Vartanian（2015）は、一般的な認知能力向上との関連で、ワー

キングメモリトレーニングが、「拡散的思考（divergent thinking）」にどのような影響があるかについて、実験的に検討しています。

　なおここで、拡散的思考とは、「収束的思考（convergent thinking）」と対照的に用いられる思考法です。後者が、既知情報から論理的に思考や推論を進め、その結果ただ 1 つの正解にいち早く到達するための思考法であるのに対し、前者の拡散的思考は、既知の情報から様々な方向に考えを拡散させ、新たなものを生み出そうとする思考法です。言い換えると、収束的思考は、いわば知識詰め込み型の暗記中心の学習で、一般に日本の学校教育でこれまで学習の達成度を評価してきたものであると言えます。知識を詰め込み、多くの情報を記憶して正確に取り出せることを目標にしたものです。これに対して、正解が複数あり、それに至る方法も複数あるような思考が、拡散的思考（創造的思考とも言う）にあたります（佐伯・渡部, 2010: 187）。

　この Vartanian の研究では、本章図 5 で説明した、実行系ワーキングメモリに関係する N-back 課題を使い、そのトレーニングが、独創性・創造性豊かな拡散思考を向上させる効果があるのではないかという仮説を立て、43 人の参加者に対して検証しました。用いた方法は、聴覚と視覚の両方をミックスさせた二重の N-back タスクでした。その結果、① N-back タスクが人の創造性との相関が高いこと、②大脳両側の後部帯状皮質（bilateral posterior cingulate cortex）が活動すること、③ワーキングメモリ容量がトレーニング後に向上すること、を報告しています。

　このようなワーキングメモリトレーニングは、第二言語習得研究における、これまでの学習ストラテジー研究と関連していると言えるでしょう。

　PC 上で使える、Cogmed というプログラム（http://www.cogmed.com）があります。これは、様々な国と言語で、ワーキングメモリ能力を鍛えることができるプログラムだと言われているものです（図 13）。

　たとえば、Sort（図 14）は、画面に出てきた 2 個以上の数字の位置を記憶しておき、それらを出てきた順ではなく、1 から順に並べ変えて、クリックして解答するトレーニングです。また、Hidden（図 15）は、読み上げら

＊4　https://mycogmed.com/ からトライアルができる。図 13 ～図 15 はすべてこのサイトの画像より転載。

図 13　Cogmed のメニュー画面[*4]

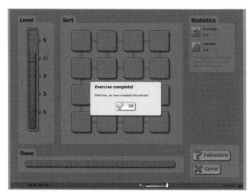

図 14　Sort のエクササイズ完了画面

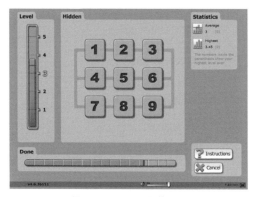

図 15　Hidden の解答画面

れた複数の数字の音声を聞き、それを読み上げられた順ではなく、最後の数字から最初の数字の順に並べ変えて、クリックして解答するトレーニングです。どのメニューも、音韻的ワーキングメモリや視空間ワーキングメモリに保存するとともに、それらを並べ変えたり、頭の中で回転させたり（心的回転）して、解答するもので、このときに実行系ワーキングメモリの活用が必要になります。

このプログラムを活用して、子どもから思春期の生徒、さらに大人まで一定のトレーニング効果を報告している研究があります（Hayashi, 2019: 667 参照）。

第二言語習得研究においては、Hayashi, Kobayashi, and Toyoshige（2016）と Hayashi（2019）が先駆的です。

Hayashi, et al.（2016）は、5 週間にわたる、(a) 英語授業＋Cogmed トレーニング、(b) Cogmed トレーニングのみ、(c) 英語授業のみの効果を、(d) 何ら処遇を受けていない統制群と、比較しました。

事前事後のテストとしては主に、①英語と日本語における数字の順唱テスト（ds forward）、②英語と日本語における数字の逆唱テスト（ds backward）、③視覚提示されたタップ順でそのままタップ再生するテスト（tapping forward）、④視覚提示されたタップ順とは逆順でタップ再生するテスト（tapping backward）、⑤英語・日本語の総合的な習熟度テストが用意されました。

主な結果は次のとおりでした。

(1) 英語授業＋Cogmed の (a) 群に最大の効果が現れ、①～④のすべてのテストにおいて成績が向上した。そして、3 ヶ月後も、これらの①～④の効果はほぼ維持されていた。

(2) (b) 群の Cogmed トレーニング群は、②の英語の逆唱テストでは向上しなかったものの、その他の記憶テストでは成績を向上させた。しかし、3 ヶ月後には、②の日本語テストのみが、学習効果を維持させていた。

(3) (a)～(d) のどの群も、英語の習熟度の向上とは、無関係であった。

Cogmed によるワーキングメモリトレーニングだけでなく、英語授業とミックスさせることで、英語と日本語両方の記憶保持能力の向上に貢献すること

がわかったのです。ただ、英語力の向上には結びついていなかったことで、Hayashi（2019）の研究が実施されました。

　この研究では、上記の（b）の処遇群と（d）の統制群のみに絞り、'Progress' という英語の習熟度テストと、英語のスピーキング等口頭能力テストである 'Versant' の成績が、事前事後でどのように変化するかを調べたのです。その結果、やはり Cogmed によるワーキングメモリトレーニングだけでは、Progress、Versant のテストの成績を向上させることはありませんでした。

　実行系ワーキングメモリは、これまで領域・様相一般（domain general or modality general）に機能すると言われてきました。つまり、聴覚、視覚、言語、運動などといった領域・様相に関わらず、横断的に司令塔の役割を果たすというのです。

　これに対し、本章**図 4** で見た Wen のモデルでは、視空間的ワーキングメモリは、第二言語習得にあまり影響しないと捉えられています。すなわち、実行系ワーキングメモリでも、言語系の音韻的ワーキングメモリを制御する場合と、視空間的ワーキングメモリを制御する場合とでは、制御方法が異なるのではないかという考え方をしています。すなわち、実行系ワーキングメモリも、言語処理を管轄するときには、音韻的ワーキングメモリから完全に独立しているのではなく、部分的にオーバーラップしているといった形で領域・様相固有の性質を持つのではないかというのです。

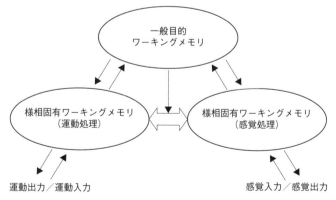

図16　一般目的ワーキングメモリと様相（モダリティ）固有ワーキングメモリ
　　　のイメージ（船橋 2003 をもとに筆者により図式化）

　船橋（2003）は、このような考え方を推し進めて、図16のような一般目的のワーキングメモリと、様相固有のワーキングメモリの存在を区別しています。

　実行系ワーキングメモリが、特定の領域・様相からどこまで独立しているのか、あるいは特定の領域・様相とどれだけオーバーラップしているかは、今後さらに検討が不可欠であると言えます。

　Hayashi（2019: 680）は、Cogmed によるワーキングメモリトレーニングが、PC 画面を利用していることから、どうしても視空間処理への依存度が高いトレーニングプログラムではないかと考察しています。確かに、このような印象は筆者も持っています。そのぶん、Cogmed による実行系ワーキングメモリのトレーニングを積んでも、音韻的ワーキングメモリへの依存度の高い第二言語の理解や産出能力の向上には、すぐには結びつかないという結果になったのではないかと推察できます。視空間的ワーキングメモリとそれを制御する実行系ワーキングメモリのトレーニングは、ドメインが異なる第二言語（英語）の習熟度の向上には直接貢献しないというのは、むしろ当然の結果であるかもしれません。

　そうすると同じ言語処理という領域で、実行系ワーキングメモリ能力を鍛えるトレーニングが有効になるのではないかと推察できます。提示された文の意味内容を保持しつつも、それをポップアップしないように抑制しつつ、別に提示された単語の意味を処理するといった複合的なタスクにより実行機能を鍛えることが必要ではないでしょうか。

　Kadota, Shiki, and Hase（2015）が開発した CELP-Com テストは、その後、Kadota, Hase, Miki, and Shiki（2017）や Miki, Hase, Kadota, and Shiki（2019）で報告した妥当性の検証プロセスの中で、徐々に上記のような実行系ワーキングメモリのトレーニングとして役立つテストであることが明らかになってきました。

　ここで CELP- テスト（computer-based English lexical processing test：コンピュータ版英語語彙処理テスト）とは、第二言語処理の自動性、さらには流暢性を、語彙処理について測定するテストとして開発されたものです（門田ほか, 2014 参照）。まず、視覚提示された 2 つの英単語の意味の関連性

の判断をする、CELP-Sem Test（semantic version）が開発され、その後視覚提示された1つの英単語の語彙性判断（lexical decision task）を課すCELP-Lex Test（lexical decision version）が完成しました。その後、より負荷の高い語彙処理テストを目指して開発されたのがCELP-Comテスト（computer-based communicative English lexical processing test）です。

　図17に、このCELP-Comテストの実施手順を示します。まず、①（　）を含んだ文が提示されますので、その文の（　）以外の文脈の意味を理解して、覚えておきます。次に、②文が消えて、ターゲット語が提示されますので、その語が先の文の（　）に入るかどうかYes-Noで判断します。そして、③その語を、音韻的ワーキングメモリに保存しておき、次に提示される語と意味的に関連しているかどうかを、再度Yes-Noで判断します。

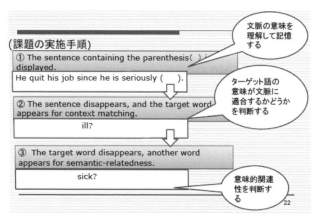

図17　CELP-Comテストの実施手順

　2段階のYes-No反応は、まとめると、次の4つのパターンがあります。

（a）Yes-Yes 反応

　　例：He quit his job since he is seriously（　　）.

　　ill => sick

（b）Yes-No 反応

　　例：The recent natural disasters made Nancy very（　）about the

environmental issue.

conscious ＝＞ electric

（c）No-Yes 反応

例：We traveled such a long distance that we were（　）.

large＝＞big

（d）No-No 反応

例：Mary liked the place a lot because she was quite（　）.

gold＝＞kitchen

　（a）（b）は、（　）内にターゲット語が入ると Yes 反応した場合で、（c）（d）は入らないと No 反応した場合です。このように Yes 反応では、文脈の意味と単語の意味が適合しています。そうすると、本章で既に解説した、数字列提示後、聞こえてきたそのままの順に再生する「順唱」課題と同様に、音韻的ワーキングメモリで意味文脈とターゲット語を保持していればそれで十分です。

　ところが、No 反応では、文脈の意味と単語の意味は相反しています。そうすると、提示された順と反対に数字を再生する「逆唱」と同様に、音韻的ワーキングメモリを制御する実行系ワーキングメモリ能力が必要になります。つまり、No の場合は、ワーキングメモリの実行機能を駆使して、後の単語の意味関連性の判断に向けて、文の不必要な意味文脈がポップアップするのを「抑制」し、同時にターゲット語の意味への注意を意識的に「維持」する必要があります。そうしないと、意味文脈に押されてターゲット語の意味を忘れてしまうからです。先に記述しましたように、これらはそれぞれ大脳の「前帯状皮質（ACC）」と「背外側前頭前野（DLPFC）」の働きによることが明らかにされているものです。

　事実、Miki, Hase, Kadota, and Shiki（2019）は、Yes 反応後と比較して、No 反応後は、ターゲット語と別に提示された語の意味関連性判断の正確さが有意に低下し、さらに反応時間も有意に遅くなるというデータを報告しています。

　以上のように、CELP-Com テストは、「言語処理」という同一の領域

(domain) で、「音韻的ワーキングメモリ」と同時に、それを制御・コントロールする「実行系ワーキングメモリ」の能力測定のためのテストになると言えるでしょう。そうすると、このテストは同時に、実行系ワーキングメモリを鍛えるトレーニングとしても活用できる可能性を示唆しています。

9.　まとめ

　本章では、まず、ワーキングメモリとはいかなるもので、どんなしくみから成り立っているのかについて、これまで提案された代表的なモデルを、第二言語習得を対象にしたモデルも含めて、提示しました。そして、近年の研究の中心となっている実行系ワーキングメモリについて、その脳内のしくみを解説しました。また、2 つの言語の切り替えを、常時脳内で行っているバイリンガル話者が、実行系ワーキングメモリを駆使していることで、認知症の発症年齢が遅れるという研究について検討しました。そして、この実行機能が、他の音韻・視空間メモリに対して持つ司令塔機能について調べた研究成果を紹介しました。さらに、メタ認知的活動を伴うリーディングとして、批判的読みについてお話しし、最後に本題の、ワーキングメモリトレーニングと第二言語習得との関連性についての研究を紹介し、今後の検討余地は大いにあるものの、CELP-Com テストが、第二言語における、実行機能をトレーニングするタスクである可能性について示唆しました。

　本章の議論で、ワーキングメモリのトレーニングが、第二言語リーディングに役立つのかという問いに対する十分な回答を用意できたかと言えば、必ずしもイエス（Yes）ではないと思います。しかし、その問いに対する然るべき根拠を持った考察は、提供できたのではないかと考えています。

第4章

入門期（小学校英語活動・教育）における文字学習

1. 読み書き学習の前に

第1章に記したとおり、日本語の識字（リテラシー：literacy）習得は比較的容易で、読み書きができるようになるしくみや難しさについてあまり注目されてきませんでした。特に、識字に果たす音韻認識の役割は注目されず、文字の読み方（文字音）を覚えて（正確に）書くことに焦点を置いてきました。しかし、英語の識字には、音節より小さい音素単位での音韻認識力が必要です。この力は幼児期に、絵本・歌・ことば遊びなどにより育みます。外国語として英語を学ぶ環境では、英語の音や文字に触れる機会を豊富に提供しなければなりません。小学校英語活動は、読み書き学習開始前の準備としての英語の音を聞く、真似る、音で遊ぶなど、英語圏の子どもたちと類似した体験をする機会を提供してくれます。従来の中学校からの英語学習より、発達段階に適した活動（絵本を読んでもらう・歌う・踊るなど）を導入しやすいのです（例：泉ほか, 2017）。

1.1 歌

歌は最も手頃な教材です。意味がわからなくてもあまり気にせずに歌って楽しめます。聞こえたとおりに一緒に歌います。これは、一種のシャドーイング（shadowing）です。最初や最後、あるいはビートが乗っている部分から歌い始めます。正誤が気になって歌い始めないようなら、指導者が一緒にところどころ真似て見せると、安心でしょう。知っている単語が聞こえてくる歌を選ぶと、達成感を与えることができます。歌詞を細切れにして少しずつ正確に言う練習などは不要です。読めないからと歌詞にフリガナを付けてしまうと、音素音韻認識力は育ちません。子どもたちが聞こえてくる音に注

意を払い、聞こえたとおりに歌う（復唱する）ことが大切です。

1.2　絵本

　読み聞かせ（reading aloud）を実際に経験した人は多いと思います。自分が子どものころに読み聞かせをしてもらっていたか、自分が子どもに読み聞かせていたか、またはその両方でしょう。親から子へ受け継がれてきたこの文化は、識字力の基盤を作ってきました。読み聞かせているとは言っても、読んでいるページは自然と一緒に見ていることが多いでしょう。ときには、絵についてやりとりをしたり、次はどうなるか推測してみたりもします。この体験を通じて、子どもたちに文字意識が発達するのです。就学前の生活環境において、絵本がある、読書をする人がいる、など文字に触れる機会を提供しているか否かは、識字の発達に影響することが報告されています（Nag, Vagh, Dulay, & Snowling, 2019）。

　絵本は、同じフレーズを繰り返すものや、韻を踏んでいてリズミカルなものが多く、歌になっているものが多いナーサリーライムは定番です。洋書絵本には推奨年齢が示されていますが、英語を母語としない場合、少し工夫が必要でしょう。「何語（どの言語）」という概念がない、またはそれがわからなくても抵抗がない発達段階なら、英語圏の子ども用と同等の指標で問題ありません。しかし、意味がわからないことに抵抗が出てきたなら、知っている単語が出てきて、絵から話の内容がある程度推測できる本がいいでしょう。それでも「わかんない。どういう意味？」など説明を求められます。こんなときは、すべてを説明するより、「なんだろうね？」と一緒に考えることによって学びを起こすことができます。「なぞ」を残しておいたほうが、もう一度読みたくなりませんか。何よりも、すべてを説明したのでは「英語で読み聞かせ」ではなくなります。

　絵本がなくても、または読み聞かせに自信がなくても、YouTube 等の読み聞かせ（Storyline Online など）や歌の動画を活用し、家庭や学校で、子どもたちと一緒に楽しむこともできます。このように音と文字に触れる機会を持つことが、音韻認識や文字意識を発達させていきます。語彙を含めた話しことばのスキルもさらに発達していきます。文字が何を表しているかがわ

かってきたなら（文字意識）、読み手は語や文を指でなぞりながら読んだりします。自然と子どもたちも一緒になぞり始めたりします。指で文字をなぞる「指さし読み（fingerpoint reading）」の始まりです。全く違うところをなぞっていたり、絵本がさかさまだったりといった光景を目の当たりにした読者もいるのではないでしょうか。「識字」の芽生えです。**第 1 章**で述べたように、かな文字システムは就学前に読める子どももいます。日本で日本語の絵本を読める幼児がいるということ自体、英語圏では考えられないことです。

1.3　ことば遊び

　話しことばの発達とともに、様々なことば遊びを楽しみ、それらの遊びを通じてさらにことばが発達し、音韻認識力が芽生えます。

　以下、英語圏で一般的なことばの音遊びを紹介します。話しことばをどのような単位に分ける遊びをするかで、その難易度が決まります。**図 1** は分け方の難易度を示しています（Ehri et al., 2001）。一番難しいのが識字に不可欠な音素認識です。

　英語の音韻認識とその難しさは、どのように音を分節するかによって 5 段階に分けられます。細かく分けるほうが複雑で、難易度が高くなります（Ehri et al., 2001）。

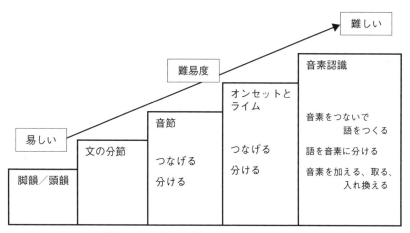

図 1　英語の音韻認識とその難しさ（Ehri et al., 2001 に基づく）

（1）韻を踏んでる？

　2、3語を聞いて韻を踏んでいるかを答える遊び

　　Which one doesn't rhyme – cat, hat, run?

　　わかりにくい場合は例を示すといいでしょう。

　　Cat and hat rhyme. Cat and run don't rhyme.

（2）音節の数遊び

　単語やフレーズを聞きながら、手をたたく（clapping out）

　　●　　●　　●　　○　●　　●　　　●　　○（○：休みクラップしてもよい。）

　　Hot cross buns,　 hot cross buns（歌、手遊び）

　　●　　●　●　●　●　●　●

　　Twin-kle twin-kle lit-tle star（歌）

　英語由来の外来語と、もとの英語で遊ぶのも気づきを起こします。

　パイナップルは6拍　pineapple は3拍

　マウンテンバイクは8拍　mountain bike は3拍

（3）Onset-rime 遊び

　最初の音を置換して遊ぶ

　　Change the first sound of /hand/ to /s/.　答え：/sand/

　同じ音（音素）で始まる物（絵）を探そう

　　Find the picture that starts with /m/.

　最初の音は同じ？

　　2、3語を聞いて、最初の音が同じか違うかを答える

　　Do bag and bike start with /b/? または start with the same sound?

　　Do bag and dog start with the same sound?

　　Do bag, bike, and boy start with /b/? または

　　Do bag, bike, and boy start with the same sound?

　単語を構成する音を言ったり、音をつないで単語にしたりする遊びは、後の読みの獲得に大切なスキルを育てます。構成する音のうち、最初の音の識別が最も容易で、次に最後の音、そして中間の音と難易度が上がります。また、/s/ や /m/ 等の摩擦音や、/m/ や /n/ の鼻音（続けることができる音）

は比較的易しく、/t/, /p/, /b/ 等の破裂音は難しくなります。鼻音や摩擦音
は強調して発音したり、長く発音したりできるからです。

(4) 語を構成する音を言う

　What is the beginning（ending）sound of 'bag'?

　Is this（絵を見せて）a /d/-og, /m/-og, or /s/-og?

　Which is correct – /dog/ starts with /d/, /m/, or /s/?

(5) 音をつないで語にする

　最初は、最初の音と残りの部分をつなげます。例を示します。

　　This word starts with /m/ and ends with /at/,

　　put together it is /mat/.

　　What do /m/, /a/, /p/ make?　　答え：/map/

(6) 語を音に分ける

　What sound do you hear in /up/?　答え：/u/ and /p/.

(7) 音の位置を答える

　語を構成する音とそれぞれの位置を意識します。

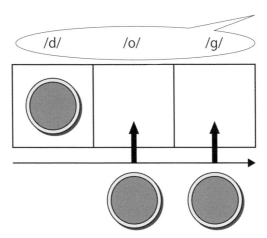

図 2　音韻認識力を育てるための Elkonin Box
（Elkonin, 1973）

　図 2 は Elkonin boxes というエルコニン氏（Elkonin, 1973）が提唱した方法です。

　3 つの正方形と 3 つのおはじき等を用意します。おはじきを正方形の下に置き、3 つの音からなる語をゆっくり一音ずつ発音し、左のチップから順に箱の中に動かしていきます。だんだんと子どもたちが単語を言いながらチップを動かせるようにします。最終的には、箱がなくてもできるようになります。英語圏では小学校低学年で使われることがあります。

　前述の読み聞かせにおいても韻を踏んでいる語（rhyming）や、同じ音で始まる語（alliteration）や母音が同じ（assonance）を使ったものを楽しむことができます。そこからことば遊びをしてみるのもいいでしょう。

2. 読み（書き）学習

　こうして基本的な音韻認識ができたなら、読みの学習の準備が整っていると言えます。読み聞かせの時に、読んでいる箇所を指さしながら読む Fingerpoint reading は、自立した読みへの橋渡しです。

2.1　文字の学習

　アルファベットの大文字・小文字を認識する必要がありますが、たくさんの絵本に触れていると、よく出てくる文字は既に知っていたりします。またアルファベットの歌を歌うことや、それぞれの音を明示的に指導することが必要です。形が似ていて混乱しやすい文字は特に注意して識別する練習をします。

　絵に隠された文字を探すタスクが入った絵本や、同じ文字（音）で始まることばを集めた絵本などで、楽しみながら文字の識別練習をしましょう。文字と文字の名前、さらにその音（文字音）とキーワードをセットにした絵本、チャンツ、歌もたくさんあります。このような絵本には、

Chica Chica Boom Boom by Bill Martin Jr. & John Archambault
Eating the Alphabet: Fruits & Vegetables from A to Z by Lois Ehlert

Dr. Seuss's ABC Book by Dr. Seuss

Brian Wildsmith's Amazing Animal Alphabet by Brian Wildsmith

Brian Wildsmith's ABC by Brian Wildsmith

などがあります。

　この他に子ども用の絵辞書（picture dictionary）を使うと、たくさんの絵と文字に触れることができます。

　混乱しやすい文字は、**第 1 章**で述べたように、b、d、g、p、q や h、m、n、u です。bbbbbbdbbbb のような文字列から違うものを探す（odd one out）遊びも文字認識の正確さと速度を向上させます。どんな方法でもできるだけたくさんの文字を見て、識別する機会を豊富に提供することです。

　やがて、知っている語の文字を確認し始め、絵本の中や、絵本以外で、文字を読もうとします。絵本の読み聞かせでは、少しずつ一緒に読むといいでしょう（shared reading）。絵本の外では、前出の Elkonin boxes が使えます。**図 3** のように箱の上に文字を書き、箱の中にチップを置きます。ゆっくりと発音しながらチップを指していきます。もう一度ゆっくり発音しますが、今度は文字を指していきます。最初に文字 d を指して読み方を尋ねます。What's the sound?　答えは /d/ です。同様に g をやってみます。最後が中央の o です。1 つずつ指さしながら読みます。こうして文字が音（ここでは一文字が一音）を表すことを学習します。

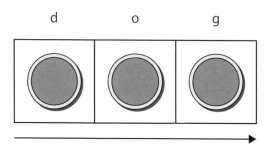

図 3　文字を読む練習ための Elkonin Box（Elkonin, 1973）

2.2 ディコーディングの学習

　第1章の「1. 識字のしくみ」や「2. 読み書きの発達」で述べたように、英単語は、丸ごと読み方や綴りを暗記するものではありません。ディコーディングの規則を学習するための、明示的・体系的（計画的）なフォニックス指導が欠かせません。明示的指導とはいえ、一方的に規則を説明するのではなく、知っている単語群から規則に気づくように導くことで、主体的で深い学びにつながります。

　使用頻度が高い規則とその典型的な指導順序は表1（次ページ）のとおりです。この他に形態素などの規則にも、必要に応じて、注目させて、学びへと導きます。フォニックス指導による規則の導入の利点は、たとえば Silent e の規則を知り、bike や like が読めたならば、bake や cake が読めることに気づくことです。さらに、初めて見る単語を音にできることで、記憶に残しやすくなることも利点の1つです。

　この表を見るだけでも、英語の識字学習は、仮名の識字学習と比較すると、とても複雑であることがわかります。母語が英語の子どもたちでも、識字学習は小学校1年から3年くらいまでを要します。また、フォニックス指導は、そこで学んだ文字と音の対応規則知識を使って、「単語をおおまかに読む」ためです。母語では話しことばの習得が先行しているので、部分的に読めれば、知っている語である確率が高く、語全体の読み方から逆に読めなかった部分を新たに学ぶことにつながります。外国語として学ぶ場合も、規則の導入前の準備段階で、できるだけ話しことばの語彙力を伸ばしておくと、規則の習得が進みます。また、たとえすべての規則を指導できなくても、規則性があることに気づき、ある規則を適用して読めるなら、他の規則も習得できるようです（本書第1章参照、Kawasaki, 2012）。

　ここでディコーディング指導前、指導中、指導後それぞれにおける留意点をまとめてみます。するべきこと（○）と、してはいけないこと（×）です（表2〜表4）。

表1　ディコーディング（フォニックス）指導で扱われる規則例

規則	文字・文字列	単語例
1文字1音 （Consonants）	b, c, d, f, g, h, j, k, l, m, n, p, q, r, s, t, v, w, x, y, z	bat, cat, dog, fox, goat...
1文字1音 短母音（Short vowels）	a, e, i, o, u	ant, elephant, igloo, octopus, umbrella
Silent e 子音＋母音＋子音＋eのとき、母音字はアルファベットの名前読みをする。	a-e, e-e, i-e, o-e, u-e	cake, Pete, bike, home, cute
2文字母音 （Vowel digraphs） 最初の母音字をアルファベットの名前読みする。後の母音字は黙字	ai, ay, ea, ee, ey, ie, oa, ow, oe, ui, ue	rain, May, seat, meet, key, pie, boat, row, hoe, suit, cue
2文字子音 （Consonant digraphs） 2つの子音字が単独の時とは異なる音を表す	ch, sh, th (thin), th (this), ph, wh, ck, ng	chip, ship, thick, that, phonics, white, duck, sing
連続子音 （Consonant blends） 2，3個の子音が連続する。	bl, br, cr, cl, dr, fl, fr, thr, shr	blue, brick, crow, clean, drink, flip, fruit, three, shrink
二重母音 （Diphthongs） 2つの母音字が単独の時とは異なる音を表す	au, aw, oi, oy, ou, ow, oo（2通りの読み方）	August, straw, boil, boy, house, how, book, room
高頻度ライム	an, at, in, it, ake, ain, eat	ban-can-fan-man-pan bake-cake-lake-make beat-heat-meat-neat

表2　ディコーディング指導の前の留意点

○	×
英語の音韻認識力を育てる 正しいアルファベットの言い方に気づかせる /ei/ /bi:/ /si:/ 文字（文字列）の認識力を育てる 　文字をたくさん見せる 文字を左から右へ追わせる 語彙を増やす	文字を書くこと（書き写すこと）を中心にする エービーシーデー… 読めないからや、文字指導をしないからという理由で文字を見せない

表3 ディコーディング指導中の留意点

○	×
体系的に規則を導入する 規則に気づかせる ライムや形態素の規則も含める	規則を教える（説明する）、記憶させる 1文字1音単位にこだわる 発音にこだわりすぎる

表4 ディコーディング指導後の留意点

○	×
単語は自分で読ませる 　読めないときや読み誤ったときは、規則の 　ヒントを出すなど足場を提供する。 不規則語を規則どおりに読んだとき規則を使 えたことを褒める 　綴りについても、規則の適用を評価する。 　（読めても綴れない単語は多い） 文や文章単位の音声付音読やシャドーイング を続ける 　有意義な練習活動をするためには： 　　①活動に必要な技能は何か 　　②時間プレッシャーの要・不要 　　③目的は正確さか速度か 　を常に意識する 文字を書く場合、上下位置や、分かち書きに は注意する	指導者が先にお手本読みをする 不規則綴りの読み間違いを単に「間違い」と する 読む学習＝綴りの学習としない 文字が読めるようになったからと、音声教材 を使わない 目的を考えない活動（ゲーム）をする 英語のしくみによる難易度を考慮していない 活動（ゲーム）をする 文字の筆順や止める・はねるなど平仮名や漢 字と同様の指導をしない

　このディコーディングスキルを自動化するには、規則の体系的・明示的指導と並行して大量の文字を見たり読んだりする機会が必要です。初期には、初めて出合う単語や実在しない単語（疑似単語）を読む（読もうとする）ことでディコーディングの力がつきます。子どもたちは、変なことばを読むのも大好きです。『The Book With No Pictures』（Novak, 2016）が話題になったのは記憶に新しいところです。入門期用のグレイデッドリーダーズ（GR）やディコーダブルブック*1などの学習した知識を使って読んで理解できる本を使いましょう。第5章で詳しく記す多読は、読む練習の機会を提供してくれますが、話しことばの習得と並行して進める外国語としての識字学習では、音声付き音読をできるだけ長く続けていきたいものです。

＊1　ディコーダブルブック（Decodable books）では、規則性の高い単語と、不規則ではあるが日常的に頻出する単語を使った文章で、学習したフォニックスの規則を使って、自力で読む練習をする本である。音声が提供されているものもある。

3. 識字の難しさへの理解と支援

　第 1 章では英語の識字のしくみと日本語のそれとの違い、さらに英語のほうがその習得が難しいことを解説しました。さらに、**第 1 章**の「**4. 読みの音韻符号化の障がいとしてのディスレクシア**」で、知能的に問題はなく（むしろ優れた能力を持っていることもある）、話しことばにも支障はないにもかかわらず、書きことばの処理に困難を覚える人たちについて、詳しく説明しました。英語圏では古くから識字の困難は認識され、その支援も進んでいます。

　日本では 2007 年 4 月から、「特別支援教育」が学校教育法に位置づけられました。すべての学校において、障がいのある幼児・児童・生徒が支援を受けられるようになりました。それから 5 年後に全国約 1 千校の小中学生約 5 万人を対象にした調査（文部科学省, 2012）では、知的発達に遅れはないものの学習面で著しい困難を示すとされた児童生徒の割合は推定値 4.5% でした。調査で使用された質問項目には、「音読が遅い」や「勝手な読み方をすることがある」など読み書き困難の指標が含まれていました。この項目への回答から、読み・書き困難であるという回答が多く、話す・聞くが困難であるという回答はほんの一握りでした。このころから日本語における識字困難も、その存在が認識され、理解され始めたと言えるでしょう。

　日本語の識字困難は、英語母語話者と比較すると少なく、適切な支援により克服することができる可能性が高いのですが、このような学習者が、英語の読み書き学習を始めるときには、やはり困難に直面します。また、日本語では困難が表出しなかったにもかかわらず、英語の読み書き学習で困難を覚える場合もあるでしょう。早い段階で困難に気づくことができれば、支援の効果があることがわかっています。従来は、中学校で英語を学習して初めて困難に気づくことも多かったのですが、英語圏のように小学校低学年で支援を開始できる体制が望まれます。

　最後に、読み書きが困難でも、聞く・話す能力の獲得には問題はありません。技術の進歩により、テキスト読み上げ機能や、音声を文字テキストに書

き起こす技術などへのアクセスも容易になりました。すなわち、読み書きが
困難でも、情報の受信・発信は可能な社会になっています。これを踏まえて、
英語のみならず、識字教育全体の目標や評価方法を今一度、再考することも
必要ではないでしょうか。識字障がいを含む学習障がいに対する社会のさらな
る理解と支援が望まれます。SDGs 2030[*2] アジェンダ（United Nations 2015）
の、「no one will be left behind」誰一人取り残さない社会実現のために。

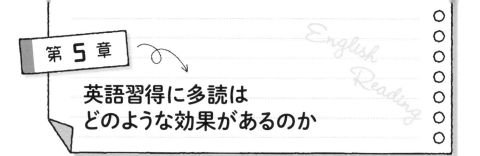

第5章 英語習得に多読はどのような効果があるのか

1. はじめに

多読の概念は 20 世紀初頭の英語教育者 Harold E. Palmer（1917: 1921）によって Extensive Reading という表現を用いて提唱されましたが、国内では、それ以前に夏目漱石が、「現代読書法」（1906）の中で効果的な英語習得法として次のように述べ、多読を推奨しています。

> 英語を修むる青年は或る程度まで修めたら辞書を引かないで無茶苦茶に英書を沢山（たん）と読むがよい。少し解らない節があっても其処は飛ばして読んで往つてもドシドシと読書して往くと終には解るようになる（中略）要するに英語を学ぶものは日本人がちやうど国語を学ぶやうな状態に自然的慣習によつてやるがよい。（後略）

(川島, 2000: 23)

英語教育界で実際に多読が世界的に実践・研究され始めたのは、20 世紀後半で、Krashen（1985）のインプット仮説発表以来、英語を学ぶ様々な年代のあらゆる学習者を対象とした多読が徐々に普及し始めました。Krashen は、理解可能なインプット（comprehensible input）を i+1（i plus one）、つまり学習者の英語力より、わずかに難しい英語でのインプットが必要であると述べています。一方、多読においては i-1（i minus one）（Day & Bamford, 1998; Bamford & Day, 2004）、つまり、学習者の英語力（語彙力や文法力）よりも少し平易なテキストをたくさん読ませる手法であると、次のように述べられています。

"Extensive Reading is an approach to language teaching in which learners read a lot of easy materials." （Bamford & Day, 2004: 1）
（多読とは学習者が大量の平易な教材を読むように指導する言語教育法である。）

また、Grabe and Stoller（2011）も同じように、学習者自身の言語能力の範囲内で読めるレベルの教材をたくさん読む学習法である、と次のように定義しています。

Extensive Reading is an approach "in which learners read large quantities of material that are within their linguistic competence"
（Grabe & Stoller, 2011: 286）
（多読とは「学習者が各自の言語能力の範囲内で読めるような教材を大量に読む」学習法である。）

　両者に共通していることは、易しい読み物をたくさん読むということです。筆者は、この定義に「楽しんで読む」ということを追加し、あらゆる年代（幼稚園児から87歳の社会人）の学習者に多読指導を行ってきた経験から、どの程度の平易な本が適切か、どの程度の量を読めば言語能力が伸びていくのかを論じ、多読の英語習得への効果、多読による英語習得の道筋、多読を成功に導く鍵、それに最も大切な楽しく読ませる方法について述べていきます。

2. 多読の必要性

　日本の平均的大学生は、中学・高校で6年間英語の授業を受けて大学入試に合格して入学してきます。ところが、英文を読むスピードは遅く、自然なスピードで話される英語は聴き取れなくて、苦労している学生がたくさんいます。また、自由に話せないし、話せば broken English（間違いだらけ）、英作文には文法無視が多く、日本語直訳の主語無しで理解不可能な英文を書

く学生がたくさんいます。なぜこのようになるのか日本の英語教育の現状を考えてみましょう。

　英語を学習する場合、演繹法（deductive method）と帰納法（inductive method）があります。演繹法とは、まずルールを学びそのルールに合わせて英文を作っていく方法です。現在の日本の英語教育は、主な目的が高校や大学への入試対策、あるいは実用英語検定（英検）受験対策・TOEIC・TOEFL 等のテスト対策になっているため、多くの場合、語彙や文法を明示的に教えていく演繹法で行われています。正確さ（accuracy）を重視し、効率よく学習させるために、文法学習と訳読方式（Hino, 1988）の指導法が主流となっています。リーディングは精読（intensive reading）中心であるため、学習者は未知の単語を辞書で調べ一対一の日本語訳を覚え、文法を学びそれに沿って文章を分析しながら意味を取り、最後に一文一文をすべて日本語に訳して内容理解をする訓練を受けています。そのため、語彙・文法・英文は暗記、リーディングは訳読、ライティングは、作文（composition）ではなく英訳（translation）が主な学習となっています。文法書で学習したような日本語が与えられれば英語に訳すことはできますが、自ら内容を考えて英語で表現しようとすれば、日本語を英語に直訳するため、語順やコロケーションが日本語のままで、英文が崩れてしまいます。結果的に、正確な英語での発想や発信がうまくできません。

　一方、帰納法（inductive method）とは母語習得の場合と同じように、たくさんの様々な語や文を見たり聴いたりして、自然な英語を身につけたのちにルールを見つけていく方法です。言語習得においては流暢さ（fluency）を身につけることが必要不可欠です。そのためには、まずたくさんの自然な英文をインプットし、理屈無しに体で覚えてしまいます。ルールを教わるのではなく、各自で大量の英文を読み、試行錯誤（trial and error）を重ねながら自ら文法を理解していくので、時間がかかりますが、能動的で積極的な学習となります。これを続ければ、徐々に英語運用能力が向上し、独自の豊かな内容を流暢な英語でアウトプットできるようになります。

　実際に、日本のような EFL（English as a foreign language）の環境で英語学習をするのは、英語圏の国に住んでいて英語を学習する ESL（English as a second language）の学習者と違い、常時英語に触れることがありません。ただ、同じ EFL の国でも、フィンランドのように、テレビは外国語放送のチャンネルが多く、映画やテレビ・ゲームも含めてすべて、どの言語でも吹き替えを禁止しているような国もあります。そのような環境で、子どものころから十分なインプットをしながら育てば、自然と楽に多言語を理解するようになってきます。2011 年のフィンランドの学会（New Dynamics of Language Learning）で、アルバイトの学生さんたちが、いろいろな国旗を 3 〜 5 個胸につけていました。その国の言葉で応対できますと言う印です。日の丸をつけている人が数名いて、日本に留学経験なしとは信じられないくらい流暢な日本語で話していました。

　一方、日本では、外国語のテレビ・ラジオのニュース・映画・テレビドラマ・スポーツ放送にいたるまで、ほぼすべて吹き替えがあります。また、翻訳ソフトを使えばすぐに翻訳ができるので、外国語が理解できなくても不自由ではありません。この点では、とても親切で快適に暮らせる国ですが、言語習得を目指す場合は、この快適さに甘えず自らを律し、工夫をする必要があります。

　このように、日常的に外国語（英語）に触れる機会が少ない環境で英語を習得するには、公教育の場で英語学習初期から大量のインプット（リーディング及びリスニング）を行い、口から頭から自然と英語があふれ出るように教育する必要があります。そのインプット量を増やすのに一番効果的な方法が、多読及び多聴です。ここでは多読中心に説明します。

　前述したように、英語での多読学習とは、学習者が各自の英語力で楽に読める平易な本をたくさん読むことです。その場合、英語学習を目的とするより、学習者が自ら好みの図書を選択して読書を楽しむことを大切にします。楽しければ多読は持続し、結果的に学習効果があがります。

　下記の Day and Bamford（2002）による多読指導の 10 か条（Top Ten Principles）では、多読指導を行う場合に指導者が気を付けることが具体的に述べられています。

Top Ten Principles for Teaching Extensive Reading:
1. The reading material is easy.
2. A variety of reading material on a wide range of topics is available.
3. Learners choose what they want to read.
4. Learners read as much as possible.
5. The purpose of reading is usually related to pleasure, information and general understanding.
6. Reading is its own reward.
7. Reading speed is usually faster rather than slower.
8. Reading is individual and silent.
9. Teachers orient and guide their students.
10. The teacher is a role model of a reader.

(Day & Bamford, 2002: 136–140)

多読指導を行うための 10 か条
1. 読書教材は易しいものである。
2. 幅広い話題の様々な種類の多読教材を利用できること。
3. 学習者は各自が読みたい教材を選択する。
4. 学習者はできるだけたくさん読む。
5. 読書の目的は楽しみ、情報、概略的理解を得ること。
6. 読書は読むこと自体に意味がある。
7. 読むスピードは遅いというより速いのが普通である。
8. 読書は個人個人で黙読すること。
9. 教師は学生に多読の方向付けをして指導する。
10. 教師は学習者に読書の手本を示す。

　多読（extensive reading：ER）の授業は、現在日本の英語授業で主として行われている、「正確さ」に重点を置いた精読（intensive reading: IR）とは、様々な相違点があります。両者を比較すると次の**表 1** のようになります。

表1　通常の英語授業（IR）と多読授業（ER）との比較

	通常の英語授業（IR）	多読授業（ER）	D&Bの10原則
授業形態	教師主導	学習者主導	―
受講態度	受動的・消極的	能動的・積極的	―
教材難易度	統一 高い（消化不良）	多様（学習者のレベル及び興味） 低い（楽に理解できる）	1
教材の量・種類	1-2冊	大量の多様な本	2
テキスト選択	指導者（学校・教師）	学習者（教師指導の下）	3
読書量	少量（中高6年間のテキスト約3-5万語） 1授業で1-2ページ	大量（年間平均20-100万語） 1冊単位	4
読む目的	英語学習	読書・内容を楽しむ 情報収集・全体把握	5
テキスト読み方	断片的・部分的	物語完結	―
読書後の課題	練習問題・テスト	なし（読書のみ）	6
読むスピード	遅い（wpm ???）	速い（WPM 100⇒250〜300）	7
読み方	一斉に読む	各自で読書	8
辞書	フルに活用	読書中は使わない	―
日本語訳	主に全訳	しない	―
内容理解	訳した日本語で理解	英語のままで理解	―
教師の役割	教える、説明・解説する、問題を解かせる	観察・アドバイス、一緒に読書	9, 10
英語への興味・関心	憧れ⇒難しい⇒苦手⇒嫌い⇒鳥肌⇒英語アレルギー	図書への関心、英語学習への関心、読書習慣向上	―

（髙瀬, 2015: 25 所収の表を一部変更）

（注：D&B：Day & Bamford, 2002）

表1で示すように、多読授業の特徴は Day and Bamford の「Top Ten Principles for Teaching Extensive Reading（多読指導を行うための10か条）」とほぼ同じですが、日本の外国語教育の特徴である教師主導の正確さ（accuracy）重視と日本語訳（Hino, 1988）に関しては、Day and Bamford は言及していません。日本人の学習者の場合は、日本語訳の習慣がついているため、それを除くために多読初期は Day and Bamford（1998），Bamford and Day（2004）の *i*-1（*i* minus 1）よりもレベルを下げて、*i*-2, 3（*i* minus 2 or 3）から多読を開始したほうが、その後の読書スピードが上がり、ス

テップアップが楽になります。その結果、読書持続時間も長くなるため、読書量が増え、英語力の伸びが大きくなります。

3. 英語に対する情意面の向上

- -

　多読の効果は様々報告されていますが、Day and Bamford（1998）は、多読を行えば次のような効果が出ると述べています。

> After completing the ER program, the students will
> 1. Have a positive attitude toward reading in the second language
> 2. Have confidence in their reading
> 3. Have motivation to read in the second language
> 4. Read without constantly stopping to look up unknown or difficult words in the dictionary
> 5. Have increased their word recognition ability
> 6. Know for what purpose they are reading when they read
> 7. Read an appropriate rate for their purpose in reading
> 8. Know how to choose appropriate materials for their interests and language ability
>
> (Day & Bamford, 1998: 158-159)

> 多読プログラムが終了すると、学生は
> 1. 第 2 言語での読書に前向きな姿勢になる
> 2. リーディングに自信を持つようになる
> 3. 第 2 言語で本を読む気になっている
> 4. 未知語や難語に遭遇するたびに辞書を引くことなく読み進める
> 5. 単語の認識力が向上している
> 6. 読書時に何の目的で読んでいるか理解している
> 7. 読む目的に合わせて適宜なスピードで読む
> 8. 各自の興味と言語能力に合わせて、適宜な読み物を選択できる

　英語の授業に多読を導入した場合に起こる学習者の変化はまず情意面に現われます。Day and Bamford（1998）が、上記 1., 2., 3. で述べているように、多読を行うことにより、英語に自信が出てきて英語で読書を行う動機付けが高くなり、ひいてはリーディングのみならず、ライティング、スピーキング等への学習意欲が起こり学習態度も向上します。多読学習の情意面に関する研究は多く、特に英語多読の魅力が英語苦手な学習者を引き付けて、徐々に英語の様々な運用能力を向上させ、それがまた動機付けとなり、さらに多読が進んでいくようです。

　Asraf and Ahmad（2003）によると、マレーシアの地方の学校に通う英語が苦手だった中学生に多読を導入したところ、生徒の語彙が増え、英語力が向上して積極的に英語の本を読むようになったそうです。Mason and Krashen（1997b）は、英語が苦手でモチベーションが低かった日本の大学生に多読を導入したところ、大いに読書を行い、英語力が向上したと報告しています。

　Nishizawa, Yoshioka, and Fukuda（2010）は次のように述べています。英語が苦手な高等専門学校生の TOEIC スコアを上げるために様々な手法を試したが長続きせず、多読を導入して初めて生徒の動機付けが高まったため、この多読学習を持続することができました。その後多読指導を継続し、4 年間の長期多読の効果が、いかに TOEIC の結果に表れたかを報告しています。

　Takase（2004a, 2007a）は、高校 2 年の授業で 7 年間多読を導入し、219名に英語多読に関するアンケート調査を実施し、因子分析を行いました。学習者を多読に導いた一番の動機付け要因（motivating factor）は日本語あるいは英語での読書に対する内発的動機（intrinsic motivation）でした。ところが、日本語読書と英語読書との間には相関関係が認められず、その後の面接による調査で、量的データには現れなかった、このマイナス相関の新たな原因が出てきました（Takase, 2004b）。つまり、日本語での本の虫は、英語で読む場合は内容が薄く単純な本しか読めないため満足できず、日本語で読める内容の濃い本を読んでいたのです。一方、英語で大量の多読を行った生徒は、読書そのものより、英語の本をたくさん読むことに達成感を覚えていたということが判明しました。

　この情意面の効果は、多読の初経験者ほぼ全員に起こります。高校生・大学生は、「中学時代から多読に出合っていたら、もっと英語が得意になったのに」、という感想を述べます。社会人からは、「昔の学校英語に多読があったら、楽しく勉強できたのに」という声が聞かれます。

　情意面での効果が最も顕著に表れるのは、英語学習の初期の段階で挫折し、英語に対する苦手意識を引きずってきた高校生・大学生です。これを可能にした最大の要因は、各自のレベルに合った図書を、最初の 3 か月で 100 冊というように大量に読んだことでした。多読授業では、辞書を引かず日本語訳をしなくても理解できる本を学習者自身が選択したため、困難を感じることなく自分の好みの本を読み終えることができたのです。それまで全く自信がなく理解不可能だと思って敬遠していた英語を理解することができ、しかも 100 冊の本を自分の力で読み終えたことに大きな満足感・達成感を経験したのです。このように、過去の英語学習過程で挫折し英語から逃避していた学習者は、授業で多読を導入することにより、積極的に英語学習に取り組むようになりました（Takase, 2008; 髙瀬, 2008; Takase & Otsuki, 2012）。中には、多読を継続するため、履修後も再度自主的に多読クラスに参加した学生もいました。半期 14 週間の多読授業後のアンケートには次のような回答が多く出てきました（髙瀬, 2008）。

＊十分に多読を行った（78.9%）
＊多読は楽しかった（73.7%）
＊英語の本を 1 冊読み通すことに慣れた（78.9%）

　再履修クラスに限らず、どのクラスでも多読受講者の多くがこのような経験をします。大学 1 年で多読の効果を実感したため、多読が授業の課題でないにも拘らず、次年度からは数名のグループで自主的に図書館に通い、大学卒業まで多読を継続した学生たちがいました。その後、英語力を活かしてカナダの大学院に留学した学生や、目的の TOEIC スコアを達成して国立大学の大学院に進学した学生等がいます。このように、読書の楽しみを体験し、英語力向上をもたらす多読の効果を学習者自身が実感すれば、あとは自立し

て読書を継続していくことができるようになります。また、英語の本を読めたという自信がリーディングだけでなく、それまで敬遠していた英語学習そのものに意欲を出し始め、英検に挑戦し始めた中高生（鬼丸, 2013）や社会人（Takase, 2006）がいます。Yamaoka（2009）は多読授業を受けた大学生にインタビューを行い、次のような興味深い報告をしています。

　＊観光地に住んでいた女子学生の話：
　　英語が苦手なため外国人の旅行者に声をかけられても逃げていたが、多読を始めたら自信が出てきて、外国人の旅行者からの質問に答え、積極的に会話に挑戦し始めた。
　＊多読授業で初めて英語の本を読んだ男子学生の話：
　　多読を行った後、それまで持っていた外国人（英語圏の人々）に対する先入観や偏見がとれた。より広い視野で見ることができるようになり、彼らを理解し親近感すら覚えるようになった。
　　　　　　　　　　　　　　　（Yamaoka, 2009, 25-26: 英語の原文を筆者が要約）

　高校図書館の司書からは、「多読授業を受けていた生徒が、英語の本だけでなく日本語の本も借りていくようになり、また、放課後に図書館で勉強していくようになりました。」という報告がありました。

4. 多読学習による英語力向上

　多読学習を行うことにより、読書スピード、語彙力、理解力、文法力、リスニング力、ライティング力などが向上します。主にグループでの実証例が報告されていますが、個人的な事例の紹介もあります。

4.1 読書スピード

　多読学習を行うことにより向上する英語力の中で、ほぼ100%の学習者が経験する効果は、読書スピードです。多読を行って英文を読むスピードが向上し、読みが流暢になったという研究論文は多々ありますが、特に日本の学習者

を対象にした研究は次のとおりです（Beglar, Hunt, & Kite, 2012; Huffman, 2014; Iwahori, 2008; Matsui & Noro, 2008; Yoshizawa, Takase, & Otsuki, 2017）。Beglar et al. は大学生対象、Huffman は看護大学の学生対象、Iwahori は高校生対象、Matsui and Noro は中学生対象、Yoshizawa et al. は大学生対象に、それぞれ様々な方法で行った研究ですが、すべて多読の効果として読書スピードの向上を上げています。このスピードを向上させる主たる要因は 2 つあります。まず語彙・構文の自動的な認識（automatic recognition）が可能になります。辞書を引かないでも意味がわかる基本的な単語や平易な構文が多い、理解可能な英語（comprehensible English）で書かれた本を大量に読むため、基本的な語彙・フレーズ・構文に遭遇する頻度が高く、学習者は基本語彙やフレーズおよび構文を自動的に認識するようになります。語彙等の自動認識が可能になれば、目にしただけで意味理解ができるようになるため、読む速度が上がります。

　次に、日本語訳の癖が取れます。多読初期に読む本は、語彙や英文が平易で理解可能な単文が多いため、日本語の語順に合わせた返り読みや日本語訳などをする必要がなく、英語のまま文頭から直読直解できるようになり、おのずと読書速度が上がります。この 2 つの要因、語彙・構文等の自動認識と日本語訳から脱却して英語のまま内容理解をすることが、読書スピードの向上に大いに貢献しています。高校生の多読を観察した結果、多くの生徒はおよそ 5 万語ほど読めば、読書中に日本語が出てこなくなり、英語のまま理解しながら読むようになるため、集中力もついて、読むスピードが上がってきました。

　唯一の例外は、読書後に理解度テストを学習者に課すと、テストに合格するように日本語訳をしながら本を読む場合があり、1 年間多読を行っても日本語訳の癖が取れなくて、結局スピードが伸びなかったというケースがあります（Furutaka, 2013）。

4.2　語彙力

　次に、多読の語彙力への効果に関しては、Chang and Hu（2018）、Krashen（1989）、Kweon and Kim（2008）、Nation（2001）、Suk（2017）、Waring and Takaki（2003）などがあります。多読を行うことにより、過去に学習した

語彙がより確実な知識になり、さらに新たな単語が習得できます（incidental learning）。ただし、わからない語彙を常に飛ばして読むだけでは、語彙習得はできないでしょう。未知語に注目し、写真やイラストから探してみたり、前後の内容から推測しながら読んだりするほうが記憶に残り、習得する語彙が多くなります。ストーリーだけでなく言語にも注意を向けて読んでいる学習者のほうが、英語力全般の伸びが大きいという結果も出ています（魚住・髙瀬, 2016）。

　実際に多読が進めば、既習語彙の確実な知識化のみならず、初めて遭遇する新単語の推測が容易になり、新しい語彙も増えていくのです。高校生の多読クラスで、多読中に遭遇した未知語を書き留めるように指示し、未知語の割合を観察・調査した結果、個人差はありますが、テキストに挿絵がある場合はおよそ読書語数5万語ぐらいから未知語の推測が徐々にできるようになりました。特に、同じ単語が異なるコンテキストの中で繰り返し出現すると、推測が容易になり書き留めた未知語を消していく生徒が出てきました（髙瀬, 2015）。Nation（2015）が次に述べているように、同じ単語が様々なコンテキストの中で複数回出現すればその語の知識が広く深く豊かになり、より推測しやすくなるのだと思われます。

　　… each new meeting with a word during extensive reading is highly likely to enrich knowledge of that word through its varied contexts as well as strengthen knowledge through repetition.（Nation, 2015: 137）.
　　（多読して出合う新しい単語は、複数回同じ語に遭遇することにより意味がしっかり頭に入り、さらに様々な異なる文脈（varied context）を通してその単語に関する知識が豊かになる。）

　多読を中2と中3の2年間継続し60〜70万語を読破した高1生は、LR/GR（leveled readers/graded readers: 段階別読み物）よりレベルの高いテキストを使用して内容理解練習を行ったときに、テキスト中に出現した未知語の意味を全体の内容と前後の文脈からほぼ8〜9割程度、的確に推測できるようになりました。結局、読書スピードの向上により読書量が増え、その

ことで様々な語の遭遇頻度およびコンテキストの種類が増えたため、未知語の意味の推測が容易になり、結果的に内容理解も向上していったのです。

　別の事例ですが、小学 6 年から多読を開始した Y さんは中学 3 年生になって、Roald Dahl の本を読み始めました。タイトルの "The Enormous Crocodile" の enormous が未知語だったので、その単語が気になりながら読み進めていたところ、途中で意味がわかりました。この本は絵本ではなかったので、絵から推測したのではなく、前後の文脈から推測したのです。この本から推測した単語は他にも数個ありました（髙瀬, 2015）。このように、未知の単語や表現を意識しながら読めば、推測力が向上し、記憶にも残ります。「単語 1 つ覚えるのに、本を 1 冊読むより辞書引いたほうが速い」といった英語教師がいましたが、語彙習得とは単に日本語の意味を知るだけでなく、その語を使えるようになることです。それには質の良いコンテキストが大事なのです（Webb, 2008）。また、彼女は LR のフィクションとノンフィクションの本をたくさん読んでいたので、入試に出てきた単語で、他のクラスメートが誰もわからなかった動物の名前がすぐに理解できました。検定教科書には出てこないけれども、日常的に使われる語をたくさん習得できるのも多読の効果です。

　語彙習得に必要な同じ単語の出現回数に関しては様々な意見があり、Rott（1999）：6 回、Horst, Cobb, and Meara（1998）：8 回、Saragi, Nation, and Meister（1978）：10 回、Webb（2007）：10 回 以 上、Waring（2009）：20 回以上と述べています。

　そこで、日本の大半の多読学習者が多読初期に楽しんで読む *Oxford Reading Tree*（ORT）と中学校用の検定教科書 *New Crown*（NC）との語彙出現頻度を比較してみました（大槻・髙瀬, 2014; Takase, 2015）。

　ORT はレベル 1, 1+ から 9 までの 10 レベルあり、全部で 200 冊を超えますが、ここでは、基本となる本の各 Stage 6 冊（Stage 7 は 4 冊）のみ使用しました。テキストのレベルは、アンケート調査を行った中学生の中 1 から中 3 までの学習者が読んだレベルに基づき、Stage 1～3 は初期（中 1）、Stage 4～6 は中期（中 2）、Stage 7～9 は後期（中 3）相当として比較しました。

　表 2 は、*Oxford Reading Tree*（ORT）Stage 1～9（58 冊）と *New Crown*（NC）に使用されている見出し語数（types）、総語数（tokens）、見出し語

120

の出現頻度を、学年ごとに表して3年間の合計をしたものです。これによると、ORT 初期の総語数と中学1年生の教科書（NC）とを比較すると、ORT（1,130語）より NC（1,920語）のほうが多いのですが、見出し語数も多いため、同じ語に遭遇する平均頻度は ORT 4.8回に対して NC では3.6回と少なくなっています。同様の計算で2年生における各語の平均出現頻度は、ORT 中期が10.3回 で、NC 3.7回の約2.8倍になります。同様に中学3年における各語の平均出現頻度は ORT 後期が11.5回で NC 3.9回 の約2.9倍となっています。

表2　*Oxford Reading Tree*（ORT）と *New Crown*（NC）の語彙数比較

レベル	Stage	冊数	見出語数	総語数	頻度(回)	学年	冊数	見出語数	総語数	頻度(回)
	Oxford Reading Tree（ORT）					*New Crown*（NC）				
初期	1-3	24	233	1,130	4.8	1	1	536	1,920	3.6
中期	4-6	18	586	6,025	10.3	2	1	847	3,111	3.7
後期	7-9	16	1,596	18,294	11.5	3	1	1,062	4,147	3.9
全体	1-9	58	1,796	25,458	14.2	1-3	3	1,674	9,165	5.5

注：語数は実際にテキストをスキャンして数えたものであり、教科書の巻末付録とは少々異なる。

（大槻・高瀬, 2014 より）

表3　単語の出現頻度（1回）（ORT と NC）

レベル	Stage	1回	%	Stage	1回	%
	ORT			NC		
初期	1-3	99	43.0	1	298	51.5
中期	4-6	190	32.3	2	445	52.5
後期	7-9	589	36.6	3	551	51.2
全体	1-9	650	36.2	1-3	751	44.9

（Takase, 2015 に基づく）

　より詳しくそれぞれの単語の出現頻度について調べてみたところ、1回しか使用されていない語は、**表3**のとおりになりました。ORT は、初期レベル（Stage 1〜3）では43%、中期レベル（Stage 4〜6）では32.3%、後期レベル（Stage 7〜9）では36.6%、Stage 1〜9全体では36.2%ありました。一方 *New Crown* の教科書では、中1用・中2用・中3用でそれぞれ51.5%・52.5%・51.2%ありました。およそ半数の語が1年に1回しか出現しなくて、

3 年分の教科書本文全体をまとめても 1 回しか出現しない語が 44.9% もあり
ました。つまり、1 年間使用する教科書の語彙の約半分は 1 回しか教科書の
本文には使われていないということです。

　次に、3 年間のテキスト本文で使用された見出語の総語数に対する割合
（%）を、出現頻度ごとに調べてみました（**表 4、図 1**）。

　表 4 と**図 1** は ORT と NC の語の出現頻度と、それぞれの見出し語の割合
を表しています。もし、ORT も NC もすべての本を 1 回しか読まないとし
て、先行研究に従って見てみます。語彙習得には少なくとも 6 回同じ語に遭
遇する必要がある（Rott, 1999）とすれば、3 年間で 6 回以上出現する語の
割合は ORT（30.0%）, NC（17.9%）、10 回以上遭遇する必要がある（Saragi
Nation, & Meistar, 1978; Webb, 2007）とすれば、ORT（20.4%）, NC（9.6%）
の語彙が習得されることになります。

表 4　語の出現頻度と総見出し語の割合（ORT と NC）

出現頻度	ORT(%)	NC(%)	出現頻度	ORT(%)	NC(%)	出現頻度	ORT(%)	NC(%)
1	36.2	44.9	5 以下	69.9	81.2	9 以下	79.5	89.5
2-5	33.7	36.3						
6-9	9.6	8.3	6 以上	30.0	17.9	10 以上	20.4	9.6
10-19	8.6	5.4						
20 以上	11.8	4.2						

（Takase, 2015 に基づく）

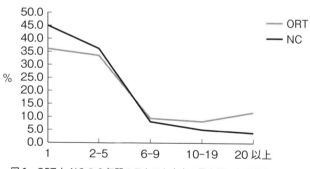

図 1　ORT と NC の 3 年間のテキスト本文の見出語の出現頻度
（回数）ごとの総語数に対する割合（%）（Takase, 2015 に基づく）

次に、Waring（2009）が述べているように、語彙習得には 20 回以上同じ
語に遭遇する必要があるとして ORT と NC のテキストの、20 回以上出現し
た語数を調査したところ、結果は**表 5**のとおりになりました。この表では、
テキスト内で 20 回以上出現する語数とその見出し語数に対する割合を示し
ています。

表 5　語彙の出現頻度（F）（20 回以上）（ORT と NC）

レベル	ORT			NC		
	Stage	F≧20	%	学年	F≧20	%
初期	1-3	13	5.6	1	17	3.2
中期	4-6	73	12.5	2	29	2.4
後期	7-9	173	10.8	3	27	2.5
全体	1-9	212	11.8	1-3	70	4.2

（Takase, 2015 に基づく）

表 5によれば 20 回以上使われている語は初期レベル（中 1）のテキストで
は ORT が 5.6%、NC が 3.2%、中期レベル（中 2）では ORT が 12.5%、NC
が 2.4%、後期レベル（中 3）では ORT が 10.8%、NC が 2.5% となっています。

　もっとも、中学の教科書は暗記するほど何度も読むので、習得語数は当然こ
れよりも多くなります。しかし、前後のコンテキストが同じなので、Nation
（2015）が推奨する「様々な異なる文脈（varied contexts）」での語彙習得に
はなりません。その意味から、中学校では教科書以外に、ORT のような簡
単な L1 の児童用図書を使用して多読を行えば、様々なコンテキストがある
状況で、より活き活きした語彙を学ぶことができ、そのぶんアウトプットに
も役に立つ語彙知識になるでしょう。

　読書スピードが向上すれば、より多くの読書ができるようになり、同じ
語・フレーズ・構文に遭遇する頻度がさらに増え、徐々に内容理解が深ま
り、それまでに学習した語彙・フレーズを習得する（Waring & Takaki,
2003）だけでなく、未知語やフレーズの意味の推測力が向上してきます。読
書中には辞書を引かずに、読書後に気になる語を辞書で確認して、推測した
意味と照らし合わせれば、さらに語彙習得が確実になります。また、大量の
英文に触れ、それを日本語訳なしで頭から直読直解をするため、英文の構

造、特に語順が自然と理解できるようになり、結果的に文法能力の向上にもつながってきます。

4.3　内容理解

　次の多読による学習効果は、読書スピードが上がり、語彙が増え、未知語の推測力向上により、ストーリー全体の内容把握が容易になることです。過去の研究で、多読が内容理解を含めリーディング全体に及ぼす効果を示したものに、Elley and Mangubhai (1981)、Robb and Susser (1989)、Mason and Krashen (1997a)、Suk (2017)、Yoshizawa, Takase, and Otsuki (2019a)などがあります。多読が進むにつれて、読書スピードが向上し、未知語を気にせずに、あるいは読書中に遭遇する未知語を推測しながら読む習慣がついていきます。テキスト全体を読み通して、全体理解ができるようになるため、一般に高校生が苦手と感じている模擬試験や入学試験の長文問題が容易に解けるようになります。以前に多読指導を行った高校では、模擬試験の長文のクラス平均が上がり、クラス担任が大いに喜んでいました。中には模擬試験の偏差値が 10 点、15 点急上昇し、学習者本人たちが驚いていました。多読開始時には、当時のセンターテストの長文問題があまり理解できなくて、苦手と感じていた生徒たちが、1 年間の多読学習後（高 2 の末）には、ほぼ 8 割できるようになっていました。読むスピードが速くなっただけでなく、未知語に出合っても途中で止まらず、意味を推測したり、飛ばしたりして、全体を通して読むことができるようになったため、全体像が見えて、内容理解が容易になったようです。生徒たちに言わせると「私たちが読んだ本に比べるとあれは長文ではなくて短文です。」ということでした。1 年後の大学入試後に感想を聞いたところ、長文が楽に解けたと多くの生徒が答えました。

　また、高等専門学校や大学で TOEIC 受験が課せられている場合、多読学習開始以前は、時間不足でリーディング問題を完成できなかった多くの学習者が、多読開始 3 ～ 4 か月後には、リーディング問題が楽に解けるようになり、見直しする時間もできたと報告しています。これは上記の高校生同様、リーディングスピードが向上し、未知語で止まらずに全体を通して読むことができるようになったため、全体像がつかめて内容理解力が向上したのであ

ると考えられます。

4.4　文法力

　次に、多読の効果は文法能力向上にも表れますが、これまで実証研究は少なく、Sheu（2003）、Rodrigo, Krashen, and Gibbons（2004）、Maruhashi（2011）、Yoshizawa, Takase, and Otsuki（2014, 2015, 2017, 2018）、吉澤・髙瀬・大槻（2017）、と限られています。その中でRodrigo et al. は研究対象者が英語を母語とするスペイン語学習者で、Sheu は研究対象者が中国語を母語とする学習者です。現在のところ、日本語母語話者を対象とした研究は、Maruhashi、Yoshizawa et al.、吉澤ほか、です。文法学習に十分な時間を割いている日本の中学・高校の英語教育を受けてきた大学生のアウトプット（スピーキング・ライティング）に文法の学習効果があまり反映されていません。その理由は英語学習者が中学・高校時代に学ぶ文法が主に文脈から独立した文文法（sentence grammar）であり、様々な文脈に埋め込まれた文法（discourse-embedded grammar）のインプット不足であろうと思われます（Otsuki & Takase, 2012）。

　ちなみに、大学生に多読指導を行った後のアンケート調査で、「英語学習に対する多読の効果」の質問に対して、英語を苦手とする再履修クラスの42.1%の学生が「文法力が伸びた」と回答しました。これは、「英語を読む速度が速くなった」（73.7%）、「リーディング力が伸びた」（52.6%）、「リスニング力が伸びた」（47.4%）に次いで、「全般的な英語力が伸びた」（42.1%）と同じ割合でした（髙瀬, 2008）。具体的に文法力の何が伸びたか尋ねたところ、語順、文の構造、形容詞の場所、副詞の使い方などがわかるようになった、とのことでした。

　Maruhashi（2011）は、リーディングクラスで多読を行った非英語専攻の大学生137名を対象に、学習指導要領に記載のある文法項目で構成される文法テストを、4月の多読開始前と7月の前期終了後に実施しました。授業内容は多読中心、そのほかはスピード・リーディングと1分間音読の練習のみで、文法学習は一切行わなかったのですが、事後テストでクラス平均は有意に伸びていました。特に、不定詞、関係副詞、時制、仮定法、it の仮主語お

および目的語の項目で、伸びが見られました。

　Yoshizawa, Takase, and Otsuki（2014）は、多読が文脈に埋め込まれた文法力向上に効果があるかどうか、多読を行った非英語専攻の大学 2 年生 341 名を対象に、EPER Placement/Progress Test（Form A）を使って調べました。EPER PPT はエジンバラ大学の Edinburgh Project on Extensive Reading（1992）チームによって開発されたクローズテストで、Form A は 12 のパラグラフから構成されており、全体で 141 のブランクがあります。そのブランクの答えとなる語彙を Bachman（1985）の分類法に基づいて分析すると、① Within clause：26.95%（節内の文法知識）、② Across clause, within sentence：19.86%（節を超えて文内の文法知識）、③ Across sentence, within text：47.52%（文を超えてテキスト内の文法知識）、④ Extra-textual：5.68%（テキストを超えた一般常識）の 4 つのタイプに分かれました（Yoshizawa, Takase, & Otsuki, 2012）。多読開始前と終了後の EPER PPT を比較すると 4 つのタイプすべて、統計的に有意に高くなっていました。

　次に、Yoshizawa, Takase, and Otsuki（2015）は、文脈から独立した、文文法の能力を測るために、高校文法をもとにした「日英バイリンガル文法テスト」を作成しました。実験参加者は非英語専攻の大学 2 年生 450 名（実験群 278 名、統制群 172 名）で、彼らを対象に分脈に埋め込まれた文法力と文文法力の伸びを調べました。実験群は多読授業クラスで、統制群は通常のリーディング授業クラスであり、この 2 グループは事前・事後テストとして EPER PPT と「日英バイリンガルテスト」を受けており、多読学習による文脈に埋め込まれた文法力への効果、および文文法力への効果を調査しました。結果は、両方のテストとも、実験群の多読グループのほうが伸びていました（図 2、図 3）。

　これらの結果から、言語パターンを自然と認識できるように英語学習初期の小学校・中学校段階から多読学習を導入して、自然な英文にたくさん触れさせるようにすれば、おのずと、文脈に埋め込まれた文法（discourse-embedded grammar）が徐々に身に付いていくと思われます。それが基礎となり、その後も多読を継続しながら英語学習を行えば、高校・大学で要求される英語でのアウトプット（Discussion や Essay writing）が、正しく自然な英語になっていくと確信しています。

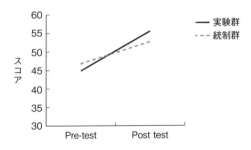

図2　EPER Test 実験群・統制群　事前/事後テスト結果
（Yoshizawa, et al. 2015 に基づく）

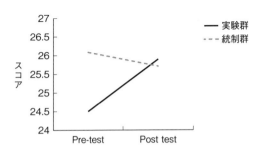

図3　文文法（sentence grammar）実験群・統制群 事前 / 事後
テスト結果（Yoshizawa, et al. 2015 に基づく）

4.5　リスニング力

　多読のみでリスニングが向上するとは信じがたいかもしれませんが、実際
に多読を行えばリスニング力が伸び、リスニングを行えばリーディング力が
伸びるのです。多読学習がリスニングに及ぼす効果に関する初期の研究は、
Elley and Mangubhai（1981）による、フィージーの農村部の小学生対象に
行われた "Book Flood" という名の報告があります。筆者が多読指導してい
た大学のクラスではクラス分けのために行われた TOEIC で、リーディング
力が伸びる前に、クラス全体のリスニング力が伸びていました。別の研究事
例では、TOEIC スコアが 600 点から伸び悩んでいた化学の教師が、1 年間
多読を行ったところ、スコアが 760 点に伸びました。伸びたのは全てリスニ
ングのスコアでした（Takase, 2006）。また、理工学部の大学生が、見出し
語 400〜1,200 語の GR を毎日読んだところ、2 か月で TOEIC のスコアが

145 点伸び、それはすべてリスニングスの伸びでした（髙瀬, 2015）。このように、多読を行った後に受けたテストで、リスニングが伸びたということは、多くの平易な多読図書を読んだことにより、英文を直読直解するようになり、耳に入ってくる順に理解することが必要なリスニングに転移するようになったのだと思われます。

　また、TOEIC は、リスニングセクションの質問が英語で書かれているので、多読で読むスピードが上がり、リスニングテスト開始前に素早く問題を読めるようになったこともあり、リスニングに集中できるようになったのだと考えられます。

4.6　スピーキング力

　多読を行ってスピーキング力が向上するかどうかに関する研究は、これまであまり例がありません。Uozumi, Takase, and Nabei（2013）は、多読がスピーキング能力向上に効果があるか否かを調べるため、2 大学に在籍する1, 2 年の 93 名の学生を対象に、Pearson の Versant English Test を実施しました。これは授業開始後の 5 月と授業終了前の 1 月に、各自が電話かインターネットでテストを受ける方式で行われました。テストの内容は、(A) Reading Aloud, (B) Repeating Sentences, (C) Answering Short Questions, (D) Building Sentences, (E) Story Retelling, (F) Open Questions の 6 項目です。実験参加者は、①通常のリーディング（skills building）の授業を受けたグループ、②多読のみを行ったグループ、③1 回目はリスニングのみで理解、2 回目は聴き読みを行い内容理解したグループ、④多読とシャドーイングを行ったグループの 4 グループで、スピーキング力の伸びを測りました。結果は全体的には、自然な日常会話を理解し、わかりやすい英語で発信できるかどうかを評価した場合、どのグループも伸びていました。サブスコア別に分析したところ、①文章の正確さは多読のみのクラスが一番伸びていた、②語彙力の伸びは、授業中に定期的に単語のテストを受けていた、通常のリーディングクラスが大きかった、③発話の流暢さは多読とシャドーイングのグループが一番伸びたことがわかりました。ただし、これらの結果は、純粋に多読そのものがスピーキングに直接効果があったのではなく、シャドーイングという、

プラスアルファの作業の影響が強いと思われます。

　個人的な事例を4件紹介しましょう。

(1)　前述のYさん（**4.2 語彙力**の119ページ）は高校の時に学校の英語科の生徒に交じってアメリカを訪問しました。現地の人との交歓会の時に生徒が皆スピーチをしたのですが、彼女の英語が一番自然で素晴らしいものだったと褒められたそうです（髙瀬, 2015）。たくさんのLRやGRを読み、自然な英語らしい表現を習得していたのでしょう。

(2)　ある大学生が、GRのレベル2〜3を3か月ほど読み続けていたところ、文中のフレーズが口をついて出てくるようになり、外国人の先生と話すのが楽になったという報告がありました（髙瀬, 2015）。彼は大学卒業後に、カナダの大学院に進みました。

(3)　次の事例は、英語が苦手で図書館司書になった成人女性の話です。彼女は多読授業が行われている中高一貫校で働いていました。毎日、生徒が楽しそうに図書館から借りだすLRやGRをみて興味を持ち、これなら自分にも読めるかもしれないと、個人で多読を開始しました。10万語過ぎたころから、徐々に意欲が出てきて英語検定試験に挑戦し始めました。100万語読んだころから、急にラジオの英語講座がテキスト無しで聴き取れるようになりました。あるとき、その高校に来ている留学生が図書の貸し出し手続きにカウンターにきたところ、思わず英語で話しかけてしまった、と本人がびっくりしていました（Takase, 2006）。

(4)　某会社で働いているある社員が、社内の多読クラブで多読を開始しました。時々海外出張があり一応英語は話せていたのですが、多読を開始したのちに（読書量は不明）アメリカに出張したとき、英語が流暢に出てくるので驚いた、とのことでした。

　おそらく、この人たちは黙読している時も、脳内で音読をしていたのでしょう。これらの例のほうが、より純粋に多読学習の効果ではないかと考えられます。

4.7　ライティング力

　多読学習のライティング向上への効果に関して、EFL の環境で行われた研究として、Elley and Mangubhai（1983）〔フィージーの小学生〕、Hafiz and Tudor（1990）〔パキスタンの高校生〕、Lee and Hsu（2009）〔台湾の大学生〕、Mermelstein（2015）〔台湾の大学生〕、Lee and Schallert（2016）〔韓国の中学生〕、渡邉・大場（2018）〔日本の中高一貫教育学校生〕など、主にアジアの国の様々な年齢層の学習者を対象にしたものがあります。この中で純粋に多読を実践した実験群と、同一テキストを使用したが多読ではないリーディング学習をした統制群とのライティング力を比較した研究は、Hafiz and Tudor と Mermelstein です。両者とも実験群のライティングの流暢性（writing fluency）と、その際の言語使用の正確さ（accuracy）が伸びたと報告しています。

　Elley and Mangubhai は、フィージーの小学生が 2 年間の Sustained Silent Reading を行った後のライティングの伸びを次のように述べています。

　　"Book Flood pupils showed highly significant growth in their fluency, their imagination, their range of vocabulary, and their freedom from mechanical or grammatical faults"　　　（Elley & Mangubhai, 1983: 22）
　　（Book Flood（本の洪水）という名のプログラムで本を大量に読んだ生徒たちは、流暢性、創造力、語彙の幅広さなどが大いに向上し、文の構造や文法の間違いが見られなくなった。）

　フィージーは英語も公用語の 1 つであるため、EFL の環境にいる小学生とは特に耳からの英語のインプット量が違うので、単純な比較はできませんが、小学生時代にたくさんの本を読めば、これに近いライティングの流暢性やさらに創造力（imagination）は養われるでしょう。筆者の多読クラスの小学生は、2019 年度のクラスでも 2020 年度のクラスでも、全員、素晴らしい流暢性と創造力を持って、お気に入りの作家に英語の手紙を書きました。
　このように多読学習は様々な言語スキルの向上を助けます。多読クラスのほぼ全員にプラスの効果が見られる、情意面の向上やリーディング・スピー

ドの向上、多くの学習者が経験する、語彙力・内容理解力・文法力・リスニング力向上があります。一部ですが、スピーキングやライティングなどのアウトプットにも効果が出ている学習者がいます。アウトプットに効果が出ている人は多読を長期間継続している人に多いようです。全体をみると、多読クラスは半期か1年の場合が多いので、アウトプットを向上させるには、より長期の多読が必要であると考えます。

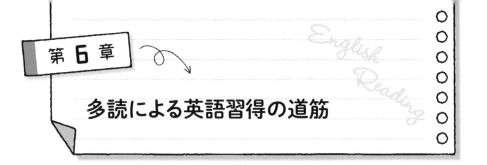

1. 英語学習開始時の学習者：小学生

　2020年度から小学校高学年で外国語が教科となりました。文部科学省の新小学校学習指導要領によると高学年（5・6年）の教科、外国語の目標は、「外国語によるコミュニケーションにおける見方・考え方を働かせ、外国語による聞くこと、読むこと、話すこと、書くことの言語活動を通して、コミュニケーションを図る基礎となる資質・能力を育成することを目指す」です。これに伴い、これまで5・6年で行ってきた外国語活動（音声に慣れ親しませながら、コミュニケーション能力の素地を養う）を、今後は中学年（3・4年）で行い、高学年では、聞く・話すに、読み・書きを追加し、さらに「話す」にプレゼンテーションも追加し、教科として評価するようになりました。この目標を達成するために要求されるものは、英語の知識及び技能（音声・文字及び符号・語・連語及び慣用表現・文及び文構造）を活用し、言語活動（聞く・話す・読む・書く・発表する）を通して指導し、思考力・判断力・表現力（情報を整理しながら考えなどを形成し、英語で表現したり、伝え合ったりする）を養うことです（直山, 2018）。

　現場の教育経験者であれば、この目標は決して小学校だけで達成できるものではなく、中学・高校・大学を通して効果的な英語教育を行って初めて達成できるものであると、誰しも思うに違いありません。これを遂行するために、現在の中学英語の前倒しでないとしても、同じような方法で導入することだけは避けなければなりません。現在の中学・高校英語で挫折した大学生、大学入試には合格しても英語運用能力が全く育っていなくて、英語を駆使できない大学生が年々増加していることを考えれば、現在の指導方法に準じた方法で小学生に英語を導入すれば、英語嫌いの学習者、挫折者がさらに

増加し、ますます日本の学習者の英語習得が困難となり、英語を運用できる学習者は育っていかないでしょう。

　学習者が将来中学・高校・大学で英語運用能力を向上させ、英語を言語として習得するためには、小学校での英語導入は、母語の習得プロセスを参考にするのが効果的でしょう。子どもの成長過程において、幼児期にいろいろな本をたくさん読み聞かせしたり、様々な話を聞かせたりすることが言語の発達を促すのは、皆さん母語で経験済みでしょう。それには、断片的な文章や簡単な会話などではなく、ストーリー性のある絵本の読み聞かせや語り聞かせ（story-telling）による、大量の意味を伴う音によるインプットが最も功を奏します。Jalongo（2008）や Zevenbergenn and Whitehurst（2003）は、母語でも第二言語でも、おとぎ話や物語の読み聞かせによってリスニングでの理解力やリテラシー（識字能力）つまり、読み書き能力が向上すると、次のように述べています。

　　Tales and stories are effective and useful listening materials for children to develop listening comprehension and literacy both in their first and second language.　　　　（Zevenbergenn & Whitehurst, 2003）
　　（おとぎ話や物語は、母語でも第二言語でも、子どもたちが聴解力（聴いて理解する能力）や識字能力を向上させるのに有効で便利なリスニングの教材です。）

　この児童期のリテラシーの向上が、ひいては言語能力の向上につながるのです。特に、音声知覚が発達段階にある小学生の間に、第2言語（ここでは英語）で読み聞かせや語り聞かせを行えば、それが識字能力を向上させ、自主的な読書を促します（メイスン, 2015）。

　また、Kelly（2016）は、脳神経科学の面から、解説や説明（expository）と物語（narrative）とを比較した場合、人間の脳は物語の方を好むため、ストーリーからの情報のほうが長時間持続し記憶に残りやすい、と様々な研究を紹介し、物語の力を説いています。

　母語が日本語の場合は、幼児期に絵本の読み聞かせをしているうちに、い

つの間にか、子どもがひらがな・カタカナ・簡単な漢字を覚えて絵本を読める
ようになってきます。英語でも音声言語の発達時期に様々な絵本の読み聞
かせを行えば音声が記憶に残ります。ただ、母語と異なる点は、日常で使わ
ない言語であるため、音声言語が先行習得されていなくて、文字を音声化す
るだけでは理解はできません。そこで意味も同時に習得させるために、実物
が近くにない場合は必ず絵や写真を利用して、英語と物を結び付けて記憶に
残すようにするのが大事です。数個の単語や短い文章だけの簡単な絵本を利
用して、音声で絵と文字を結び付けるようにすれば、徐々に絵と単語が結び
つくようになります

　筆者が英語に初めて出合う小学生（4〜6年生）対象に授業内で行ってい
る方法は次のとおりです。

1.1　字のない絵本を利用して絵からストーリーを読みとる練習

1.2　絵本の読み聞かせ

1.3　語彙学習（フラッシュカード作成）

1.4　音読練習・発表

1.5　リスニング：Listening Comprehension

　　　　　　　　Error finding, partial dictation

　　　　　　　　Parallel Reading

　　　　　　　　Shadowing

　　　　　　　　Playlet（巻末の寸劇：役を決めてセリフを読む）

1.6　Activity（ゲーム形式）

　①　歌・Trivial Pursuit（簡単な雑学クイズ）

　②　絵カード・3 文字語カード，BB カード（138 ページ参照）

　③　Word Finder・Word Search（単語探しパズル）

　④　クロスワードパズル

1.7　文法導入（6 年生から）

　＊ 200 冊〜300 冊読書後に文法学習を行う

1.1 字のない絵本を利用して絵からストーリーを読み取る練習

　前述の Kelly（2016）が述べているように、人間の脳は物語を好みます。特に幼児期・児童期の子どもたちはお話が大好きです。そこで、多読開始時には絵を見て各自物語を推測、あるいは想像力を働かせながら解釈する練習をします。幼児期に両親や祖父母などから母語での読み聞かせを経験した小学生はすぐに読書に慣れますが、その経験がない小学生は、まず絵本に親しみ、興味を持たせるためにも、この準備段階が必要です。これを行うことにより、子どもたちは想像力を働かせることができるようになります。教材は主として、前述（119 ページ）の *Oxford Reading Tree*（ORT）シリーズの Stage 1 を使用します。理由は、動物やぬいぐるみも含めたキャラクターが表情豊かで、絵に様々なトリックがあるため、子どもたちは絵の細かいところまで観察し、ストーリーを組み立てていけるからです。このシリーズは、小学生が楽しく読みの学習ができるように意図して Hunt and Brychta（1985）によって書かれたものです。イギリスの 80% の小学校で採用され、生徒が楽しみながら読み、それがリテラシーの向上に大いに貢献したということで、2008 年にエリザベス女王から作家の Roderick Hunt とイラストレーターの Alex Brychta に勲章（大英帝国五等勲爵士：Member of the Order of the British Empire）が授与されました。最後に落ちがあるストーリーが面白く、緻密なイラストに様々なトリックが隠されていて、小学生だけでなく中学・高校生、中には大学生や大人も楽しんでいます。最初は 24 冊で始まり、現在は 950 冊以上の本が、リテラシープログラムとして 130 か国で使われています。

1.2 絵本の読み聞かせ

　人気の作家、Eric Carle, Leo Lionni, Rod Cambell 等の絵本や英語を母国語とする児童用に書かれた段階別読み物（Leveled Readers）を使用します。教室では教材提示機を使用して、皆に絵本を見せながら話を進めます。Big Book（絵本を大型にしたもの）がある場合は、それを使ってもいいでしょう。極少人数の場合は絵本をそのまま使用しても大丈夫です。読み聞かせは CD で話を聞かせるのと違い、学習者の理解度に合わせて読む速度を調整

し、反復読みをしたり、途中で質問したり、感想や意見を述べさせながらインタラクティブな授業ができます。Whitehurst et al.（1994）が幼児期の読み聞かせの方法として提唱している、子どもたちとやりとりをしながら行う dialogic reading 方式で、必ず学習者の反応を見ながら進めていきます。十分な読み聞かせを行えば、識字能力が向上し、その後の読書力の伸びにつながります（高瀬, 2017）。

1.3　語彙学習（フラッシュカード作成）

　言語習得に語彙力は欠かせません。理解できる語彙は多ければ多いほど読みが楽になります。その場合、1 対 1 の日本語訳を通して単語を覚えるのではなく、現物または絵を見て頭に入れたほうが記憶に残り、アウトプットもスムーズにできます。より効果的に行うには、フラッシュカードを学習者に作成させることです。導入予定の単語をフラッシュカードの裏に書いておき、その中から生徒が 1 〜 2 枚選択し、表に絵を描いてくる宿題を課します。翌週そのカードを使用し語彙学習を行います。自分で絵を描いた単語は見事に覚え、絶対に忘れません。生徒自身がフラッシュカードを作成したクラスと、他者が作成したカードを使用したクラスの語彙力の定着度の差は大きく、それが読書力や音読力にも影響するようです。実際に経験したことですが、小学生の多読指導開始後、最初の 2 年間で学習者が作成したカードが増えたため、3 年目にそのカードを使用したところ、語彙の定着が思わしくなく、音読・多読の伸びにも影響してきました。

　小学生が自由に描くフラッシュカードには次のような利点があります。

(1) 様々な絵ができるため、数枚のカードを利用して、数・サイズ・色・形等の指導ができる。
(2) 学習者自身が絵に工夫を凝らし、ストーリーを込め、想像力が豊かになる。
(3) お互いの絵の印象が強く、クラスメートと単語を結び付けて、覚えるため、記憶に残りやすい。

フラッシュカードの使用法は次のとおりです。

(1) 絵を見て単語を発音させる。
(2) 文字（スペル）を見て発音させる。
(3) カード取り：指導者が単語を読み、絵、次に字を取らせる。
(4) 神経衰弱：同じ単語の文字と絵を合わせる。

　小学生の場合は、このフラッシュカード利用で、年間約300 〜 400 の基本単語が自動的に認識されるようになります。なお、この活動は多読と並行して行うため、さらに前後のコンテキスト内での習得語彙が増え定着していきます。

1.4　音読練習・発表

　最初に音声ペン（touch pen）を使用して本を読む練習を授業中に行い、毎週2〜3冊の ORT を貸出し、モデルの音声を真似て読む練習をする宿題を課します。 音声ペンはCD と違い、各ページに貼った音声シールを専用のペンでタッチすれば音声が出るため、聞き逃しや聞き取れない場合、その場で何度でも繰り返し聞くことができます。 最近は CD プレーヤーが一般的ではないため、多読導入初期には音声ペン付きの本（Oxford Reading Tree: ORT など）を利用し、複数回音声を聞きながら音読練習するのが、音声と文字の関係を学ぶのに効果的です。

　クラスでは、自宅で音読練習をした本の中から1冊を音読発表します。そのとき、書画カメラを使用し、皆に絵を見せながら発表しますが、中には全部暗記してくる生徒もいます。クラスの人数や話の長さにより発表時間を制限し、発表時に内容確認、発音やイントネーション、及び読み方の工夫等をチェックします。クラスメートの発表を聴くことにより、その本を既読の生徒は復習となり、未読の生徒は興味を持ち、その本を次に選択することがよくあります。人気のある本は、毎週誰かが発表するため、強く印象に残るようです。クラスでの発表は、人前で発表する練習となり、プレゼンテーションの際に必要な要素も徐々に入れていけば、将来に役立つでしょう。

　音読の効果は様々あり、鈴木・門田（2012）には、主に高校生を対象とし

た研究が紹介されて、英語表現の定着度や要約作成への効果や読解速度・内容理解テスト・黙読速度・記憶効率向上が見られた、と述べられています。詳しくは、鈴木・門田（2012）を参照ください。

1.5　リスニング（extensive listening, intensive listening）

　音声言語が発達段階にある小学生には、様々な方法で音声による大量のインプットを行うのが効率よく、また効果的に読みの学習に入っていくことができます。

　音声ペンを使用して、モデルの音声を真似ながら文字を読む、聞き読み練習をした後の本として便利なのは、e-future の Kids' Classic Readers シリーズです。それぞれ Level 1 から Level 6 まで各 10 冊、合計 60 冊すべて CD が付いています。このシリーズには、アンデルセン、イソップ、グリム兄弟の童話の他に、ハーン、ペロー、ゲーテ、プロコフィエフ、チャイコフスキー、ストラヴィンスキーの話や、南北アメリカ、ヨーロッパ、ロシア、アジア等の世界各地の民話等が集められています。最近はこのような童話や民話をあまり知らない小学生が増えているので、話が新鮮で楽しく読んでいます。中には皆が知っている話があり、ストーリーの展開が違うとか、結論が違うとか、それぞれ各自が知っている話を発表して、活発な議論が行われることもあります。導入方法は次のようにします。これは多聴（extensive listening）と精聴（intensive listening）を混ぜたものです。特に多聴初期には、同じストーリーを複数回聴かせて、音声に慣れさせると同時に集中力が付くようにします。リスニング力を鍛えるのには次のような学習方法が効果的です。

　（1）ストーリーを聴いて話の概要を理解して発表する
　（2）ストーリーを聴きながらテキストの間違い探しをする（間違いは筆者作成）
　（3）ストーリーを思い出しながら空所埋めを行う
　（4）ストーリーを聴きながら空所に埋めた語をチェックする
　（5）パラレル・リーデイング及びシャドーイングをする
　（6）Playlet（巻末に寸劇のセリフあり）

　小学生は、最後の仕上げにセリフを読みます。皆で配役を決め、感情を込めて読むのが楽しく、それが高じてクラス以外で発表したいとの希望で、Playlet を少し長めに脚色したものを、観客（同学年の他クラスの先生・保護者・上級生）の前で披露しました。劇の練習では CD の音声を聴いて、セリフを何度も読み、最終的には自然にセリフが出てくるまで覚えてしまうので記憶に残り、そのセリフが実際に口に出てくることがあります。Reading, Listening, Speaking 向上に効果的です。

1.6　Activity（ゲーム形式）

　定期的に行うものではなく、長期休み中に 4 ～ 5 日の集中多読クラスを行い、通常の授業中には行えない様々なアクティビティをグループ、ペア、あるいは個人個人でスピードを競いながらゲーム感覚で行います。まず、英語の歌を聞きながら、単語や文章を聴き取るリスニングゲームや、文字認識速度を上げ、語彙習得・スペリング力向上を図るための 3 文字語カードゲーム、絵をヒント（clue）とした Word Finder（Word Search）や Cross Word Puzzles などを行います。次に、Trivial Pursuit（簡単な雑学クイズ）を用いてクイズに答えるリスニングとスピーキング練習、動詞カードを用いて、文章作成スピーキングゲームなどを行います。中でも人気なのが、BB カード（Letters and Sounds 64）です。BB カードは、絵カードとそれに対応する英文のカード各 64 枚、計 128 枚で構成されています。最初は指導者が英文を読み、生徒が絵カードを取りますが、慣れてくると交替で英文を読むようになります。徐々に文章を覚え、英語のリズムや基本文法が身についていきます。英文は実用英語検定 3 級程度の文法を網羅しています。

1.7　多読及び文法導入

　小学 4 年の 4 月に多読クラスで英語学習を開始した 3 名（A, B, C）と、5年の 4 月及び 7 月にそれぞれ英語学習を開始した 2 名（D, E）の合計 5 名の生徒を対象に、6 年から多読は継続しつつ Basic Grammar in Use（Murphy, 2011）を使用して文法指導を開始しました。各学習者の多読状況は**表 1 ～表 3** のとおりです。多読開始前の 5 ヶ月は、コースブック（English Land

1）・読み聞かせ・歌・絵カード等を利用して、音声による導入を中心としながら、アルファベット文字、基本的なフォニックスを入れ、英語の音声・文字に慣れさせて、9 月から各自で多読を始めました。授業は 1 年目週 1 回 1 時間、2 年目と 3 年目は週 2 回各 1.5 時間、コースブック（Let's Go）や前述の「1.5　リスニング」（137 ページ）の（1）～（6）の学習方法を取り交ぜながら、読書は主に音声ペンや CD を利用して授業中及び自宅で行いました。

　文法導入前（4 年・5 年）に行った多読の量は**表 1**（冊数）・**表 2**（語数）のとおり、平均して 216 冊（142 ～ 266 冊）、36,278 語（7,540 ～ 84,568 語）でした。多読開始時期が違うため、多読量にばらつきがあります。

表 1　小学生の読書状況（冊数）

学習者	4 年 9-3 月	5 年 4-8 月	5 年 9-3 月	4・5 年 合計	6 年 4-8 月	6 年 9-3 月	6 年 合計	総合計
A	85	77	101	263	91	83	174	437
B	54	71	128	253	106	56	162	415
C	77	94	95	266	31	67	98	364
D	－	49	107	156	89	75	164	320
E	－	14	128	142	70	115	185	327
平均			111.8	216	77.4	79.2	156.6	372.6

（Takase, 2019a に基づく）

表 2　小学生の読書状況（語数）

学習者	4 年 9-3 月	5 年 4-8 月	5 年 9-3 月	4・5 年 合計	6 年 4-8 月	6 年 9-3 月	6 年 合計	総合計
A	6,968	10,899	28,973	46,840	64,345	92,204	156,549	203,389
B	3,102	8,524	72,942	84,568	37,204	79,215	116,419	200,987
C	2,269	5,943	10,437	18,649	5,820	36,016	41,836	60,485
D	－	2,941	20,851	23,792	31,384	84,208	115,592	139,384
E	－	731	6,809	7,540	14,944	64,993	79,937	87,477
平均			28,002	36,278	30,739	71,327	102,067	138,344

（Takase, 2019a に基づく）

　表3は、小学生が読書を行った1冊の平均語数を示しています。4・5年の時に比べて6年生の2学期以降の語数は大きく伸びています。これは6年4月から文法学習を開始したためか、単にリーディング力が伸びたためなのかは、わかりません。より多くの学習者を対象とした今後の研究が必要です。図1は読書期間をより細かく分けて調べた読書レベル（1冊の平均語数）をグラフで表したものです。

表3　小学生の読書状況（1冊の平均語数）

学習者	4年 9-3月	5年 4-8月	5年 9-3月	4・5年 合計	6年 4-8月	6年 9-3月	6年 合計
A	82.0	141.5	286.9	178.1	707.1	1,110.9	899.7
B	57.4	120.1	569.9	334.3	351.0	1,414.6	718.6
C	29.5	63.2	109.9	70.1	187.7	537.6	426.9
D	－	－	194.9	152.5	352.6	1,122.8	704.8
E	－	－	53.2	53.1	213.5	565.2	432.1
平均			242.9	157.6	362.4	950.2	636.4

（Takase, 2019b に基づく）

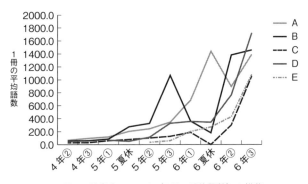

図1　読書本のレベル（1冊の平均語数）の推移
（Takase, 2019b に基づく）

　図1によると、学習者BとCは6年の夏休みに極端に数値が下がっています。これは、二人とも6年になってスポーツクラブに入り、夏休みに強化練習があり、読む余裕がなかった（一人はゼロ、もう一人は短い本を6冊のみ）という理由です。6年の2学期で少し読書量が減少した学習者Aは、

総合塾に通い始めて読書の時間があまり取れなかったので、少し短めの本を選んだ（47 冊）ということでした。それを除けば、皆少しずつレベルを上げ、長めの本を読んでいます。忙しいときはレベルを下げて楽に読める本を読むというのは多読を継続させるコツです。

　小学生の場合は、英語多読が初めてであるため関心が高い保護者が多く、自宅での読書に協力を得ることができました。就寝前に一緒に読書を行ったり、一緒に CD を聞いたりして、学習者の本に対する興味を高め読書意欲を持続させてもらうこともありました。

　小学生対象の Graded Reader（GR）は非常に少ないため、主に英語圏の児童用に書かれた段階別絵本・学習絵本（Leveled Readers：LR）を使用しました。下記のシリーズは**表 1 〜 3** の小学生が 4 年から 6 年までに読んだ主な本の種類です。

Leveled Readers
  * *Oxford Reading Tree*（ORT）（Level 1-9）
  * *ORT Decode & Develop*（ODD）（Level 1-9）
  * *ORT Time Chronicle*（OTC）（1-3）
  * *I Can Read*（ICR）
  * *Pearson Kid's Readers*（PKR）
  * *Scholastic Sight Word Series*（SSW）
  * *Step Into Reading*（SIR）
  * *Usborne First Reading*（UFR）
  * *Magic Tree House*（MTH）（Level 2 児童書）

Graded Readers
  * *Foundations Reading Library*（FRL）
  * *Kid's Classic Readers*（KCR）
  * *Macmillan Readers*（MMR）（Level 1）
  * *Oxford Bookworms*（OBW）（Starters）
  * *Pearson English Readers*（PER）（Easystart）

* *Young Learners Classic Readers*（YCR）

* *Penguin Kids*（PGK）

6年生で週1回1.5時間を使用して行った文法指導項目は下記のとおりでした。

(1) 時制：現在形・現在進行形・過去形・過去進行形・現在完了形
（Present, Present continuous, Past, Past continuous, Present perfect）
(2) 形容詞・副詞（Adjectives, Adverbs）
(3) 助動詞（Auxiliary verbs）
(4) 疑問文（Questions）
(5) 代名詞（Pronouns）
(6) 冠詞（Articles）
(7) 準動詞：動名詞・不定詞（Gerund, Infinitive）
(8) 語順（Word order）

学習者にある程度多読でのインプットを行った後にまとめとして文法を導入した結果、下記①～⑥のような利点が見受けられました。

① 多読中に習得した語彙が豊富であり、文法書の未知語が少ない。
② 英文に慣れており、新しい文章に怯まない。
③ 出現頻度が高い文章を習得しており、簡単な文法説明で理解が早い。
④ 日本語と異なる文法体系でも、コンテキストで理解できる。
⑤ 作文が活き活きしており、文法ミスが少ない。
⑥ 多読図書に出てきた表現と結びつけて理解できる。

2. 英語学習中期の学習者：中学生・高校生

2.1 中学生の多読

　中学1年から多読を開始する場合は、小学生同様、絵本からスタートします。初期には絵本の読み聞かせや、フラッシュカードでの語彙学習・音読練

習・リスニングも行います。ただ、中学では、英語の授業時間が多く文法学習込みの精読授業も同時に行われるでしょう。精読授業と並行して、中学 1 年から 3 年間多読・多聴を行えば、英語の勘が磨かれ言語習得の基礎ができます。

　ここでは、2 つの中学の多読・多聴成功例を紹介します。

(1)　私立男女共学中学校

　関東地方の私立中学には、1 クラス 30〜36 名で 1 学年約 120 名の生徒がいましたが、生徒たちの学習意欲は低く、英語は苦手で英語検定試験を受けようとする生徒はいませんでした。その中学校で熱心な司書教諭が多読を導入しました。最初、授業中に各クラスの英語の先生が毎回 10 分の多読を行い、生徒は興味を示し始めました。半年後には音声 CD が導入され、徐々に多読用図書も増えたため、週 1 回 1 時間の図書館授業となりました。CD を使う場合はポータブル CD プレーヤーで聞き読みを行い、"Hear Myself Sound Phone[*1]" で自分の声を聴きながらシャドーイングの練習、その後に音声を聞いて書き取るディクテーションをしました。リーディングにリスニング・スピーキング・ライティングが加わり、生徒たちは徐々に英語学習に意欲を出し始めました。クラスの授業では消極的な生徒が図書館での多読多聴ではとても積極的になることがよくありました。

　中学 1 年から中学 3 年まで 3 年間多読・多聴を持続した学年から毎年英検準 2 級や 2 級の合格者が出始め、多読を開始して 5 年目には、準 2 級（29名）・2 級（3 名）・準 1 級（1 名）の合格者が出るまでになりました。中でもリスニングが強く、多読未経験の高校生よりも、リスニングの点が高かったそうです。多読・多聴を通して学習者の英語学習への意欲が出てきたのは素晴らしいことです。この成功には、多読・多聴に必要不可欠な多読図書・CD 等の潤沢さ、それを管理する図書館員による充実した読書環境があります。また、多読を導入した司書教諭の熱意や、各指導者によるきめ細かな指導法の工夫も大きいでしょう。さらに最も肝心な、学校全体で多読・多聴を

＊1　電話の受話器のような形（📞）をしたものが Lakeshore 社から発売されています。この学校では司書教諭が節約のために手作りしたものを皆で使用しています。

支援した管理職の理解と先見の明などの、多読が成功する条件が揃っていたのです（鬼丸, 2013）。現在は全学の英語図書の貸し出しが年間 20 万冊にもなるそうです。

　図 2 は 2008 年から 2012 年までの中学 3 年生の英検合格者数を表しています。中学生への多読指導開始 3 年目から中学生が英検を受け始めて 1 年目は準 2 級合格者が 18 名、2 級 1 名、2 年目はそれぞれ 12 名と 2 名、3 年目は 17 名と 1 名、4 年目は 14 名と 1 名、5 年目 2012 年には、準 2 級合格者が 29 名、2 級合格者が 3 名、それから準 1 級に 1 名合格しました。

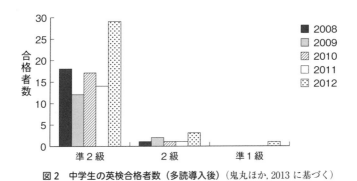

図 2　中学生の英検合格者数（多読導入後）（鬼丸ほか, 2013 に基づく）

(2)　私立女子中学校

　関西地方の私立女子中学で中学 1 年から中学 3 年まで多読を経験したクラス（43 名）の記録です。この中学は理解ある管理職に支えられて、熱心な指導者の下で多読授業が始まりました。 多読導入開始時から 50 分の授業内多読（SSR）が年間 65 回、朝の 10 分読書及びサマーキャンプでの多読があり、学校での読書時間は十分確保されていました。その上、多読の魅力の虜になり、多読開始の中学 1 年から自宅でも熱心に英語の読書を行う生徒が多く、中学 2 年で 150 万語読破した生徒もいました。多読の開始が英語学習開始と同時であったため、最初から精読と多読がバランスよく導入されていました。英語学習の初期から多読を導入した効果として生徒の英語の感覚は非常に鋭くなり、中学 2 年で検定教科書の英語の不自然さを感じる生徒もいて、「先生、この文章は何かおかしいです。」と疑問を投げかける生徒が出て

きました。たくさんの LR（Leveled Readers：L1 用の児童書・児童学習図
書）を読んだために 自然な英語に慣れてしまい、ある規制の下で無理に作
られた英文がしっくりこなくなったのでしょう。このクラスでは、毎年英検
を受けることになっていて（2 回受験も可）、中学 1 年で英検を受験して既
に 4 級（18 名）・3 級（24 名）・準 2 級（3 名）、中学 2 年で 3 級（22 名）・準 2
級（19 名）・2 級（2 名）、中学 3 年では 3 級（4 名）・準 2 級（32 名）・2 級（7
名）・準 1 級（1 名）の合格者が出ています（**図 3**）。

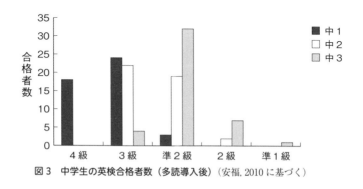

図 3　中学生の英検合格者数（多読導入後）（安福, 2010 に基づく）

　中学で多読を行った生徒たちは高校まで継続し、大学入試でクラス全体が
大成功を収めたそうです（安福, 2010, 2013）。

2.2　高校生の多読（高校 2 年生）

　関西の私立女子中高で、筆者は、高校 2 年の英語コースで 7 年間、次に普
通科で 2 年間、リーディング授業を担当しました。英語コースの生徒である
にも拘らず、英語苦手・英語嫌いの生徒が少なからずいたため、その解決策
として多読を導入しました。多読の効果は他校や個人指導で実証済でした
が、まだ一般の英語教師の間には多読という概念がなく四面楚歌の状態でし
た。平易な多読図書はなく、図書館のサポートもない時期だったので、出版
社からのサンプル本や個人の図書を持ち込んで指導を開始しました。授業で
は、Longman 社の True Stories のシリーズ（Heyer, 1989, 1994, 1996）や
Reading Power（Mikulecky & Jeffries, 1986）を使用し、多読指導初期は基

本的に授業外での宿題とし、読書後に英語でサマリーを書かせて、毎週全員のノートをチェックしていました。

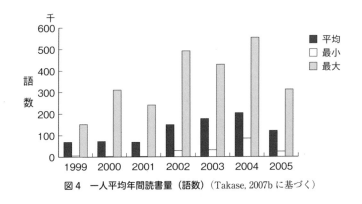

図4　一人平均年間読書量（語数）（Takase, 2007b に基づく）

　多読開始後は、大半の生徒は喜んで本を読み始めましたが、どうしてもあまり読まない生徒がいました。図4に表れているとおり、最初の3年間は読書語数がクラス平均約7〜10万語でしたが、最も読書量が少なかった生徒は1万語にも満たなかったのです。あるとき、生徒のサマリーを読んでいたところ、面白いサマリーを見つけました。文法の間違いも綴りの間違いも全く同じサマリーに出合ったのです。翌日、その生徒たちを呼び出して理由を聞いたところ、「なんで、私たちだけー！？」「皆で協力して書きました。」開いた口がふさがりませんでした。そこで、サマリーに対する意見と読書量が伸びない原因を探すため、アンケート調査を行い、その結果から次のような Demotivating Factors（読む気がおこらない原因）が判明しました。①平易な図書が少ない。②読書後のサマリーが面倒である。③読書をする時間がない。そこで、この原因を可能なものから取り除くことにしました。

　まず、サマリーの問題を解決するために、サマリーの言語を自由選択（英語でも日本語でも可）にし、さらに、サマリーを短いコメントにしてもよい、と変更したところ、サマリー提出者が少しずつ減って、学年が終わるころには、英語サマリーを書き続けた数名を除き、全員が短いコメントになっていました。次に最も必要な平易な図書購入ですが、多読開始数年後から協

力的だった図書館司書の助力で、2002 年 2 学期から *Oxford Reading Tree*（ORT）と *Longman Literacy Land Story Street*（LLL-SS）が図書館の棚に並びました。さらに、*Oxford Bookworms Starter*（OBW0）や *Penguin Readers Easystart*（PGR0）等の初歩レベルの本も出版されるようになり、徐々に平易な本が増えていきました。その結果、一番読まない生徒でも、少しずつ読書量が増えてきました。最後の問題は読書時間の確保でした。2002 年の夏期集中講座で毎日 1 時間の授業内多読（Sustained Silent Reading: SSR）を 10 日間行い、効果が表れたため 2003 年は 3 学期に週 1 回の図書館読書を行い、翌 2004 年からは年間を通して週 1 回の図書館多読を行いました。その結果、全体の生徒の読書量が上がってきました。**図 4** は高校 2 年生が 1 年間に読んだ語数の推移を表したものです。読破語数を見ると、クラスの平均は 2002 年から 2004 年まで毎年徐々に増えています。特に 2004 年はクラス平均だけでなく、最少語数も最多語数も一番伸びています。これは 4 月から 1 年間、毎週 1 回図書館で行った、SSR の効果です（Takase, 2004a, 2004b）。

　図 5（次ページ）は**図 4** で示した学習者の読書内容を、各出版社の本に使用された見出し語（Headword [*2]: HW）に基づいてレベル別に分析したものです。2002 年 2 学期に ORT, LLL-SS, OBW0, PGR0 が購入されたため、生徒は一番平易な本 LR（PB）（Leveled Readers Picture Books: L1 児童用に書かれた学習用絵本）から読み始め、次に HW200-250 と HW300-400 へとレベルを上げながら読んでいきました[*2]。次のレベルの HW 600-800、さらに HW1,000-1,200 や、わずかですが、HW 1,400-1,700 まで読み進めた生徒もいました。つまり、平易な本を最初にたくさん読めば、使用頻度が高い基本的な語彙、フレーズ、同じ文構造に遭遇する頻度が高くなり、それらを自動的に認識するため、読書スピードは速くなり、余力を内容理解に使えるよ

　＊2　Headword（HW）は主に生徒が読んだ本の見出し語です。
　　　 JPN Pub = Japanese Publisher によるサイドリーダー、YL = Yomiyasusa Level（本のレベル）
　　　 LR（PB）= Leveled Reader（Picture book）: ORT1-9（YL0.1-1.4）
　　　 HW　 200-250:　OBW0, PGR0, CER, MMR1　　（YL0.8-0.9）
　　　 HW　 300-400:　OBW1, PGR1, CER1　　　　　（YL1.0-2.2）
　　　 HW　 600-800:　OBW2, PGR2, CER2, MMR2　（YL2.4-2.8）
　　　 HW 1000-1200: OBW3, PGR3, MMR3　　　　　（YL2.8-3.6）
　　　 HW 1400-1700: OBW4, PGR4, CER3, MMR4,5（YL3.6-5.0）

うになったのです。そのため、本のレベルを上げても無理なく読書を継続できたのです。

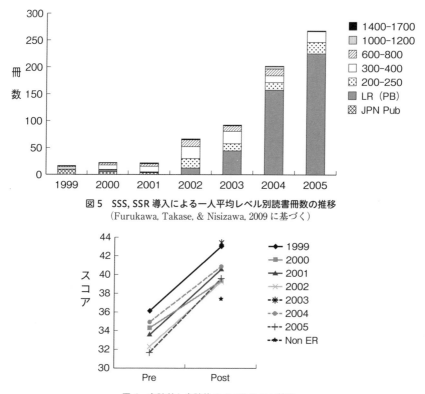

図5 SSS, SSR 導入による一人平均レベル別読書冊数の推移
（Furukawa, Takase, & Nisizawa, 2009 に基づく）

図6 多読前と多読後の SLEP テスト結果
（Furukawa, Takase, & Nishizawa, 2009 に基づく）

　何事でも新しい手法を使う場合、必ずその方法が効果的かどうか実証する必要があります。多読もしかりです。多読が英語力向上に効果があるかどうか、高校生の場合は、SLEP Test（TOEFL の高校生用）のリーディングの部分を使用しました（図6）。図5と比べて見ると、面白い結果が見えてきます。1998 年度および 2006 年度は事情により、テストができなかったため、7 年分のテスト結果です。どの年も1年間の多読後のクラス平均テストスコアは統計的に有意に伸びています。

　興味深いのは、2005 年のクラスの多読量（語数）は 2002 年から 2005 年

の中で一番少ないのですが、読書冊数は一番多く、その中でも一番易しい絵本（Leveled reader）の数は群を抜いています。一方 SLEP テスト結果は、事前テストでは一番低いのですが、読書後のテストでは読書語数が多かった 2002 年を上回っています。実は、このクラスは英語コースではなく、英語が苦手な普通コースのクラスでした。そこで、背伸びしないで楽に読める本を楽しく読もうと、最初に声をかけたので、そのクラスの生徒が読んだ本は HW（見出し語）300-400、つまり OBW, PGR, MMR すべてレベル 1 止まりでした。また、Non-ER の黒点は 2 年の 1 年間、大学の受験勉強をしていた一番上位の 2 クラスの 3 年時の平均点です。このような結果を見ると、楽しく楽に読める本を使って英語の多読を行うのがいかに英語力向上にとって大事で効果があるかがわかります。

3.　大学生の多読

　昨今多くの大学で行われている多読は、MReader を使用している場合がよく見受けられます。これは学習者が授業外で英語の本（GR, LR）を読み、インターネットで内容理解度テストを受け、合格すればその本の語数が加算され、既定の語数に達すれば、一定の点数が成績に多読スコアとして追加される方式です。これは大勢の学習者に多読を行わせようとする指導者にとってはとても便利なシステムです（Robb & Kano, 2013）。学習者に MReader の利用法や成績に加算される多読の割合及び配点ルール等を説明して読書を開始させ、定期的に学習者の読書状況をチェックし、成績提出時には、理解度チェックに合格した本の合計語数を、既定の点数に換算して報告するだけでいいのです。適切な本を選んで真面目に読書を行い、自分の力でウェブ上のテストを受けている学習者にはこの方法が効果的で、大いに英語力をつけます。TOEIC や TOEFL の点数等を大いに伸ばした学習者がたくさんいます。

　ところが中にはそうでない学生があちこちで見受けられるのです。Tagane, Naganuma, and Dougherty（2018）が「多読プログラムで生じる不誠実な行為（Academic Dishonesty in ER Program）」の中で述べているように、一部の大学生の間で次のような方法での不正行為が横行しているのです。

(1) 友達にストーリーを聞いて、テストを受ける。

(2) オンラインであらすじを調べる。

(3) 有名なタイトルを選んで読み、サマリーを書く。

(4) 映画を見てストーリーを知る。

(5) 本の最初と最後だけを読んで課題を行う。

(6) 太字のサブタイトルやイラストを見て、おおまかなストーリーを知る。

なぜこのようなことになるのでしょうか。おそらく不誠実な行為をする学生にとって、多読は楽なものではなく、楽しいものでもないのでしょう。英語学習の目標も英語習得の必要性もなく、単に単位取得のためだけに本を読むので、最小の労力で抜け切ろうとしているのでしょう。筆者も教室や図書館で一人の学生がとなりや周りの学生に、本のあらすじを教えているのを目撃したことが数回あります。また、2年生のクラスで、1年時の多読を継続している学生がいるかどうか尋ねたところ、どのクラスもゼロでした。理由は「英語多読は十分やった。大変だった。苦痛だった。楽しくなかった。もういらない。」という理由が多く占めていました。つまり、**第5章で述べ**た、Day and Bamford（2002）の Top Ten Principles に沿った方法ではなかったようです。肝心の学習者の英語力内で読める本ではなくて、早く課題をこなすために、逆に各自の英語力よりも高い本を選んだのです。

多読を大いに楽しむ学習者や自発的に多読を持続していく学生と、チーティング（cheating）をして多読を逃れようとする学生との違いを見ると、必ずしも個人差だけではないようです。中高生同様、大学でも授業内多読（SSR）の時間を設けて、クラスで一斉に多読を行う場合は、皆真剣に読書をしています。最初は授業内で平易な本を見せられ、それを読むことを勧められてしぶしぶ単位取得のためにと読むという外発的動機（extrinsic motivation）に基づくものであっても、それが楽で楽しいと感じれば、自ら好みの本を探して読み始める内発的動機（intrinsic motivation）に基づくものに変貌していきます。ましてや、非常に面白くて興味がある本（Home Run Book）（Sprecken, Kim, & Krashen, 2000）に出合ったり、自分の英語力の伸びを実感したりすれば、それがきっかけとなり、積極的に多読を行うようになります。

　大学生を対象に多読を実施する場合でも、英語に苦手意識を持っている学生や読書習慣がない学生、あるいは専門の勉強・クラブ・アルバイト等で忙しくて読書時間を取れない学生達に、未経験の多読をさせるには、授業内に多読の時間（SSR）を設け、多読の理論・必要性を説明し、効果的に多読を進めることが必要です（髙瀬, 2008）。もし、SSR の時間が取れない、授業外での多読のみの場合には、必ずガイダンスを行い、多読が効果的に行われるように指導する必要があります。そうしてはじめて、上記のようなチーティングを防止し、多読で英語力を向上させることができるのです（Takase, & Otsuki, 2013; Takase, 2018）。

4.　100 万語多読

　100 万語多読とは、『快読 100 万語！　ペーパーバックへの道』（酒井, 2002）で初めて多読の「多い」という概念が具体的に示された数字です。酒井は、学生の多読状況を観察して、100 万語読んだ学生がスムーズに英語を読んでいるのに気づき、「100 万語多読」と名づけたのです。奇しくも、Anderson, Wilson, and Fielding（1988）には、アメリカの小学 5 年生が 1 年間に 100 万語読むと述べられています。酒井（2002）の『快読 100 万語』に続き、古川・川手・酒井（2003）の『今日から読みます 100 万語』（日本実業出版社）、酒井・神田（2005）の『教室で読む 100 万語』（大修館書店）、酒井・佐藤（2006）の『ミステリーで始める英語 100 万語』（コスモピア）等、タイトルに 100 万語という数字が付いた本が次々に出版され、「めざせ 100 万語」がうたい文句となり、多読のゴールのように扱われるようになりました。ところが、多読の場合は、100 万語は決してゴールではなく、一里塚であり、そこから本格的な読書を楽しめるようになるのです。

　多読学習で使用する英語の本は、大きく分けて 2 種類あります。英語を外国語として学ぶ学習者用に、語彙や文法を制限して書かれ段階別になっている Graded Readers（GR）と、英語を母語とする児童用に書かれた段階別絵本や学習絵本 Leveled Readers（LR）及び若者向けの本 Young Readers（YR）です。GR は語彙や文法がレベルごとに制限されているので、最初の

レベルは、かなり簡素化された文章で書かれており、読みやすくなっています。主な出版社には、Cambridge University Press, Oxford University Press, Pearson Longman, Macmillan, Black Cat 等があります。LR はアメリカ・イギリス等の英語圏の国の様々な出版社の児童用段階別絵本や・算数・理科・社会などの内容を扱った段階別学習絵本ですが、日本の教科書には出てこないものの、日常的に使用するような語や表現がたくさんあり、ことばが活き活きしています。絵をじっくりと見ながら、ストーリーを楽しみましょう。また、LR を卒業するころには、L1 の小学校中学年が読むような児童書（Magic Tree House, A to Z Mysteries, Zack File, Cam Jansen Mysteries など）、さらに GR のレベル 3, 4 まで進めば、小学校高学年や中学生が読むようなヤングリーダー（Young Readers: Geronimo Stilton, Mates Dates, Dragon Slayers' Academy など）を読めるようになります。GR のレベル 5, 6 まで到達すれば、Harry Potter シリーズや、一般書の Sidney Sheldon の作品（例：The Sky is Falling）などを楽しめるようになります。古川ほか（2013）に 14,000 冊の GR, LR, YR 始め様々な多読用図書が紹介されています。

　西澤（2019a）は、英語があまり得意ではない、国立高等専門学校で 5 年～7 年連続の長期多読を指導し、100 万語を超えて 300 万語、500 万語を読んでいく学生の読み方を研究しています。その経験から、100 万語は入門完了であると述べ、絵本や簡単な GR で 100 万語を達成することを勧めています。つまり、長期学習者の多読状況と TOEIC のスコア向上を観察した結果をもとにして、基礎固めの重要さや効果を説いているのです。

　以下の 100 万語までの読書の進め方は、2019 年に大阪で開催された、日本多読学会主催「第 12 回 関西多読指導者セミナー」で発表された、「100 万語達成までの図書と読み方」（西澤, 2019a）と、豊田市中央図書館用に出版された「始めてみよう♪英文多読」（西澤, 2019b）の内容に基づき、少し変更を加えたものです。長年の経験と鋭い観察及び数学者としての緻密な計算から導き出された、効果的な読み方が具体的に述べられていますので紹介します。試してみてください。

（1）最初の 10 万語は ORT や絵本で和訳しない読み方に慣れる。

「分析しない」「和訳しない」で「挿絵をじっくり見る」ようにします。

表 4 に絵本で読む最初の 10 万語を掲載しています。掲載した本以外は、気に入ったシリーズの好きな本を読んでください。

この 10 万語を読むうちに、自然と日本語が出てこなくなり、直読直解ができるようになり、読むスピードが上がっていることでしょう。ただ、絵本を読むときは、スピードは気にしないで、じっくりと絵を隅々まで眺めてください。特に ORT の絵にはいろいろなトリックがあり、思いがけないものが見つかりますよ。基本的な同じ語が繰り返し出てくるので、語彙認識の自動化も進んでくると思います。

表 4　絵本で読む最初の 10 万語

シリーズ	YL	冊数	語数
Oxford Reading Tree（ORT 1-7）	0.1-0.7	204	42,663
Foundations Reading Library（FRL1-5）	0.6-1.0	30	30,000
Ready to Read（RTR1, 2）	0.5-0.9	90	36,000
I Can Read（ICR 0, 1）	0.3-0.7	90	20,000
Step into Reading（SIR 2）	0.4-0.8	110	30,000
TOTAL		524	158,663

注：ORT1〜7 は全部読んでください。　　　　　　（西澤, 2019b に基づく）

（2）10 万〜30 万はレベル 0-1 の GR と絵本をサラサラ読める感覚で読む。

表 5 から 20 万語読んでいただきたいと思います。

GR のレベル 0 や 1 の本は、シンプルな文章で書かれています。すべて現在形で書かれている本が多いです。途中で止まらずに、どんどん読み進めましょう。

表5　レベル 0-1 の GR で読む 20 万語

シリーズ	YL	冊数	語数
Macmillan Readers（MMR 1, 2）	0.8-1.4	25	30,000
Pearson English Readers（PER 0, 1）	0.8-1.2	42	52,000
Pearson Active Reading（PAR 0, 1）	0.8-1.2	22	35,000
Oxford Bookworms（OBW 0）	0.8-0.9	24	31,000
Oxford Reading Tree（ORT 8, 9）	0.8-1.1	36	29,437
Foundations Reading Library（FRL 6, 7）	1.1-1.2	12	31,200
Cambridge English Readers（CER 0）	1.2	13	26,000
Building Blocks Library（BBL 7, 8）	0.9-1.2	12	20,400
TOTAL			255,037

（西澤, 2019b を一部変更）

(3) 30 万～50 万は、レベル 1-2 の GR で聴き読みをする。

　表6から、50 万語になるまで読んでいただきたいと思います。

　このシリーズには非常に面白い話が満載です。読むと同時に耳からもストーリーを聴いてみましょう。目をつぶって聴けば、わくわくひやひやを感じるでしょう。

表6　レベル 1-2 の GR で読む 20 万語

シリーズ	YL	冊数	語数
Cambridge English Readers（CER 1）	1.4	14	60,000
Cengage Page Turners（CPT 1-3）	1.2-1.8	15	60,000
Nate the Great	1.2-1.5	22	50,000
Macmillan Readers（MMR 2+）	1.6-1.8	24	200,000
TOTAL			370,000

（西澤, 2019b を一部変更）

(4) 50 万～ 100 万はレベル 2-3 の GR とヤングリーダー（Young Readers）を読む。

　表7から、50 万語を読んでいただきたいと思います。

　ここまでくれば、基礎ががっちりと固まりますので、あとはどんどん伸びていきます。自分のペースでレベルを上げていきましょう。レベルを上げて

もスピードが落ちないで、85%〜90% 内容を理解でき、楽しく楽に読める
ようであればもう大丈夫です。入門完了です！　そこから本格的な多読人生
が始まります。大いに楽しんでください。

表7　レベル1-3の GR で読む50万語

シリーズ	YL	冊数	語数
Oxford Bookworms（OBW 1）	2.0	34	190,400
Cengage Page Turners（CPT 4-7）	2.0-2.8	16	107,200
Pearson English Readers（PER 2）	2.2-2.6	40	300,000
Oxford Bookworms（OBW 2）	2.6	35	210,000
Cambridge English Readers（CER 2）	2.6	14	130,000
Macmillan Readers（MMR 3）	2.8	11	88,000
Magic Tree House（MTH）	2.4	28	140,000
TOTAL			1,165,600

（西澤, 2019b を一部変更）

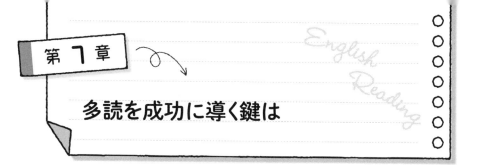

多読を成功に導く鍵は

20世紀末から多読学習が世界中で広がってきて、日本でも徐々にあらゆる年齢層対象に多読学習が行われるようになりました。主に大学生対象のクラスから始まり高校生、中学生、小学生と、広がってきており、大変喜ばしいことです。ところが、逆にこれまで熱心な先生たちの献身的な働きで成功していた多読指導が、トップ（経営陣、校長、教頭、主任、科長）が多読あるいは英語教育の知識や関心がなく、せっかくの多読授業が消えていっているところがあります。中には、多読の効果が上がっていないとか、入試に役に立たないという理由で、多読の火が消えていっているところもあるようで、残念でなりません。

多読とは、基本的に楽しみながら行う言語学習法で、目的はあくまでも言語習得です。短期的な入試対策とか TOEFL, TOEIC のスコアアップなどは目的ではなく、多読を効果的に行った結果、生まれてくる副産物なのです。

ここでは、多読を効果的に効率よく行い、うまく英語習得がなされるような方法を紹介します。何かを成功させるのに必要不可欠なものは、やる気です。ここでは学習者のやる気を引き出して、多読を成功させる3つの鍵を紹介しましょう。

1. Start with Simple Stories（SSS）

多読を成功させるのに絶対になくてはならないものは、ほかでもない多読図書です。しかもそれは学習者を引き付けて、読む気にさせるようなものでなくてはなりません。様々な学習者の興味を引くために、多読学習開始時には挿絵や写真がついていて、10分ぐらいで読める薄めの本をいろいろと揃えておいたほうがいいでしょう。のちのレベルアップがスムーズにできます。特に、英語に苦手意識を持っている学習者には、平易な英語で書かれた

本を勧めることによって、「これなら読める」という自信を付けさせます。英語に自信がない人でも、楽に読める本を数冊読むうちに、モーティベーションが上がり、次々と読む気が出てきます。Krashen（1993）が The Natural Approach の中で提唱しているように情意フィルター（affective filter）を低くしてインプットしやすくするのです。

　効果的にまた効率よく読む方法としては、多読初期に、辞書を引いたり、日本語に訳をしたりしないで読める本、易しい英語で書かれた様々な絵本を100冊読んでみましょう。Krashen（1985）は、Input Hypothesis の中で "Human acquires language in only way-by understanding messages, or by receiving comprehensible input"（「人はメッセージ内容を理解すること、つまり理解可能なインプットを受けることによってのみ言語習得ができるのである」）と述べています。言語習得には理解可能なインプットが絶対に必要なのです。一般的に理解可能なインプットとは、使用頻度の高い語彙（high-frequency words）を使い、短いシンプルな文章で書かれた話です。日本語の場合は、主にひらがなに、カタカナ少し、数個の基本的な平易な漢字が加わったものでしょう。

　Nation（2001）は、4種類の異なるテキストに出てくる語彙の種類を示し、高頻度語（high-frequency words）学習の重要性を力説しています。

　表1によると、最も出現頻度が高い（the most frequent words）1,000語が、会話では84.3%，小説などのフィクションでは82.3%，新聞では75.6%、学術書では73.5% 使われています。出現度が高い次の1,000語を加えて2,000語にすると、会話では90.3%、小説などフィクションでは87.4%、新聞では80.3%、学術テキストでは78.1% 使用されています。

表1　4種類のテキスト内の高頻度2000語とアカデミック語の割合

レベル	会話	フィクション	新聞	学術書
1st 1,000	84.3%	82.3%	75.6%	73.5%
2nd 1,000	6.0%	5.1%	4.7%	4.6%
アカデミック	1.9%	1.7%	3.9%	8.5%
その他	7.8%	10.9%	15.7%	13.3%

（Nation, 2001:17 に基づく）

つまり、英語での読書を行う場合、まずこのような基本 1,000 語、2,000 語で書かれた平易な本を大量に読み、出現頻度が高い基本語彙をマスターすることが、英語多読をスムーズに行い、教材のレベルアップを容易にし、英語のリテラシー向上に寄与するのです。回り道のようですが、**第 6 章**の西澤（2019b）が推奨するように、多読最初の 10 万語までは ORT と絵本を読み、基本の 1,000 語、2,000 語の語彙を習得し、日本語訳の習慣が抜けるようにすると、次のステップアップがスムーズにできるようになります。それを続けて 100 万語を達成すれば、あとは自由に読書を楽しめるようになり、おのずと英語力向上につながります。

　このことを、難関入試を突破してきた大学生に納得させて、多読を成功させるには、やはり次の SSR（Sustained Silent Reading）を導入するのが一番です。

2. Sustained Silent Reading（SSR）

　読書とは個人的に行うもので、授業中に一斉に行ったりするものではない、授業時間が削がれて無駄になる、などと思われることがあります。ところが英語での読書を自由課題にすれば、様々な理由で読まない学生が大勢います。

　高校生・大学生にアンケート調査をした結果、本を読まない、読めない理由は次のとおりでした（Takase, 2004, 2008, 2009）。

(1) 読書時間がない（専門科目の勉強・クラブ・塾・アルバイト・他の宿題などの後の楽しみに多読を残していたら、時間が無くなった）。
(2) つい日本語の本に手がのびる（日本語では内容が濃い本を読めるが、英語の本は内容が薄い）。
(3) 英語が苦手なので読みたくない。
(4) 図書館に本を借りに行くのが面倒。
(5) どの図書を選んでいいかわからない。
(6) 英語を読むのに集中できない。

　このような問題を解消すべく Sustained Silent Reading（SSR：授業内多読）を導入します。SSR とは授業中に一斉に多読を行うことで、下記のような説明があります。

　　In silent sustained reading, both students and teachers simply engage
　　in free reading for short periods each day.　　　　（Krashen, 1993: 2）
　　（SSR とは、毎日短時間、生徒も先生もただ自由に読書のみ行うこと）
　　SSR is a short time-span of approximately fifteen to twenty minutes
　　during school when students are allowed to read whatever they like.
　　　　　　　　　　　　　　　　　　　　　　　　（Pilgreen, 2000: xvii）
　　（SSR とは、学校でおよそ 15〜20 分ぐらいの短い時間が与えられ、学
　　生が自由になんでも好きな本を読めること）
　　SSR produces "the most beautiful silences on earth."
　　　　　　　　　　　　　　　　　　　　　　　　（Henry, 1995: ix）
　　（SSR は「世界中で最も美しい静寂」を生み出す）

　SSR の効果はてきめんで、それまで様々な理由で授業外にあまり読書をしなかった学習者が、読書をするようになります。授業内読書が多読活動にもたらす効果は次のとおりです。

(1) 忙しくて時間が取れない学習者のための読書時間が確保できる。
(2) 授業外で読まない平易な本を SSR の時間に読むことができる。
(3) 限られた時間に全員が一斉に読書をするため、集中力が向上する。
(4) お互いに面白い本を勧めたりして、本の情報交換ができる。
(5) 学習者同士で、または学習者と指導者で読書の楽しさを共有できる。
(6) お互いに読書量を競い合ったりするなど、切磋琢磨して多読が進む。
(7) 毎授業時間一斉に読書を行うため、徐々に読む習慣が身につき、英語
　　だけでなく、日本語でも読書を始める。

　授業開始後「スタート！」の合図で読書を始めると、Henry（1995）が表

現しているとおり、クラス全体が静かになり皆が一斉に集中して本を読み始めます。そのとき、全く信じられないような静けさがあります。したがって、真剣に読んでいる時に途中で止めさせるのはとても勇気がいります。筆者の大学のクラスでは授業の最初に SSR の時間を設けていたのですが、真剣に行っている読書を中断させるのが忍びなくて、SSR の時間を授業の最後に移動しました。すると、学生の発表が活発でスピーディーになり、授業の進度が速くなり、結果的に SSR の時間が長くなりました。中には終了のベルが鳴り、昼食時間になっても、最後まで読み続ける学生が毎回数名いました。また、本のレベルが上がってくると、15〜20 分では読み終えることができなくなり、もっと続けて読みたいとの希望が多くなり、SSR 時間の延長をしました。そののち既定の教科書での授業を義務付けられたクラス以外は SSR の時間を 45〜50 分に延長していきました。

　SSR を導入すると、平易な本を拒んでいた高校生・大学生が読むようになり、これにより大いに学習効果を上げています。というのは、バスや電車の中などで、かわいらしい絵本を読むのは高校生・大学生は周りの目を気にして、抵抗があるのです。特にプライドが高い学習者は電車の中では厚めの本を読む（眺める？）のが気持ちいいようです。このように、周りの人の目を気にして公共の場では平易な本を手にしない学習者でも、SSR の時間には、SSS 方式（**第 7 章 1.**）を喜んで（一部はしぶしぶ）受け入れます。次に、SSR がいかに効果的か一例を紹介します（Takase, 2010, 2012a）。

　2 大学の 2 年生の非英語専攻生 96 名に多読を導入し、SSR の効果を調べました。実験参加者は次のとおりです。

* SSR 群：48 名（M：27, F：21）、多読（授業内・外）
　　　　 SSR：45 分×10 回×2＝900 分
　　　　 その他：45 分（スピードリーディング、ペアで音読・本のあらすじをお互いに英語で述べる、シャドーイング）
* Non-SSR 群：48 名（M：28, F：20）、多読（授業外課題）
　　　　 Reading Skills Building：45 分
　　　　 TOEIC 練習問題：45 分

　図1は授業内多読を行ったSSR群と、授業外だけで多読を行ったNon-SSR群の年間読書語数を表したものです。

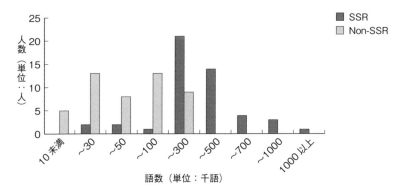

図1　SSRとNon-SSRの大学生の年間読書語数による人数分布（Takase, 2012a）

　SSR群は最少語数の3万未満が2名、10万語未満が5名、30〜100万語が43名で、最多は100万語を超えました。一方Non-SSR群は、最少語数が1万語未満で5名、10万語以上30万語未満は9名です。両グループの読破語数の差は歴然としています。

　図2は、両群の学生による前期・後期の平均読書冊数を本のレベル別にまとめたものです。

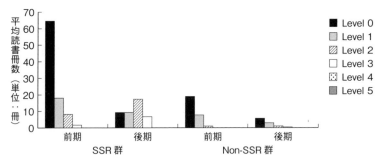

図2　SSR群とNon-SSR群の大学生の各学期の平均読書冊数（レベル別）
（Takase, 2012a）

最も顕著な特徴は、SSR群が前期に読んだ本のレベルです。ここでSSR群の学生は一番平易な本（Level 0）をたっぷりと読み、次いでLevel 1を読んでいます。後期にはLevel 0, 1も読んでいますが、Level 2, 3が増えてい

ます。一方 Non-SSR 群は、前期で Level 0, 1 を読んでいますが、一人平均それぞれわずか 20 冊と 10 冊弱です。後期では、どのレベルの読書冊数も減っています。

ここで、両グループの読書状況をもっと詳しく見てみましょう（**表 2**）。

表 2　前期・後期の読書語数・冊数とレベルの推移

実験参加者		SSR 群		Non-SSR 群	
期間		平均	Min-Max	平均	Min-Max
前期	①読書冊数	87.5	17-163	31.3	3-100
	②読書語数（単位：千）	117.7	23-428	35.1	3-154
	1 冊平均語数（単位：千）	1.5	0.2-6.3	1.4	0.3-7.8
後期	①' 読書冊数	39.6	11-146	19.4	1-124
	②' 読書語数（単位：千）	233.8	31-886	51.9	1.4-129
	1 冊平均語数（単位：千）	6.1	0.8-12.9	2.8	0.3-10.0
年間合計	①+①' 読書冊数	127.1	28-295	50.7	4-203
	②+②' 読書語数	352	104-1,267	87	4-436

（Takase, 2010 に基づく）

　前期の両グループの平均読書冊数も読書語数もかなり差がありますが、学生の語数データの 1 冊の平均語数は SSR 群が 1,500 語、Non-SSR 群が 1,400 語で、差は大きくありません。ところが後期に両グループが行った読書語数の 1 冊あたりの平均語数を比較すると、SSR 群が 6,100 語とレベルの高い本を読むようになったのに対し、Non-SSR 群は 1 冊平均 2,800 語の本を読んでいました。中にはレベルを上げた学生もいましたが、大半の学生は読書量が伸ばせず、結果的に本のレベルもあまり上がりませんでした。

　次に、両グループの授業外での読書時間を計算してみました。SSR 群の計算方法は、次のとおりです。まず 45 分の SSR を行った授業回数は前期が 10 回、後期が 10 回でした。この 45 分には読書記録手帳に記録したり、本の交換をしたりする時間も含まれているので、実際の読書時間は 8 割として計算しました。毎週学生の読書記録手帳をみて、読む速度をチェックし、wpm ＝ 100 前後で読むように指導していましたので、個人差はありますが、平均速度（WPM）を 100 としました。そこで、前期の SSR 時に行った読書

語数の計算式は次のとおりです。

SSR 群

　　　45（分）× 10（回）× 0.8 × 100 = 36,000（語）

SSR での読書語数を総語数から引くと、

　　　117.700 − 36,000 = 81,700

これも wpm = 100 として計算して、

　　　81,700 ÷ 100 = 817（分）　（13.6 時間）

となります。

　後期も同じ方法で計算できますが、1 か所違うところがあります。後期は読書スピードが上がったので、wpm = 120 として計算しました。読む速度を前期は WPM = 100、後期は WPM = 120 として換算すると、**表 3** のようになりました。

　表 3 によると、授業外で読書を行った時間は、SSR 群が前期に 13.6 時間、後期に 26.5 時間で、Non-SSR 群は、前期に 5.9 時間、後期に 7.2 時間となりました。

表 3　年間読書時間（SSR 群と Non-SSR 群の比較）

実験参加者	SSR 群		Non-SSR 群	
読書期間	前期	後期	前期	後期
一人平均読書総語数（単位：千）	117.7	233.8	35.1	51.9
SSR の時間（分）	450	450	---	---
実際の読書時間（分）（SSR の 80%）	360	360	---	---
平均読書スピード Word per Minute	100	120	100	120
授業内での読書語数（単位：千）	36	43.2	---	---
授業外での読書語数（単位：千）	81.7	190.6	35.1	51.9
授業外での読書時間（h：時間）	817（13.6h）	1588（26.5h）	351（5.9h）	432（7.2h）

（Takase, 2012a に基づく）

Non-SSR 群は、教科書を使った勉強や TOEIC の練習問題をしなければなら
なかったため、読書時間が取れなかったのかもしれません。SSR 群は、授
業で行った SSS に抵抗がなくなり、楽に読めるので楽しくなり、または、
話の続きが気になり、授業外で読み続けたのでしょう。

　図 3 は、英語力向上への多読の効果を測るために多読開始前と終了時に
行った、SSR 群と Non-SSR 群の EPER PPT（Edinburgh Project on Exten-
sive Reading Placement/Progress Test）の事前・事後テストの結果です。

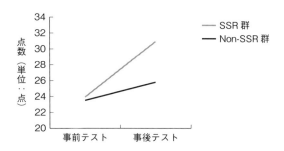

（注）EPER（A）は素点の満点（141 点）を 100 点に変換したものです。
図 3　事前と事後テストの結果（SSR 群と Non-SSR 群の比較）
（Takase, 2012a に基づく）

事前テストでは両群ともほぼ同じでしたが、事後テストでは、1 年間の多読
の実施方法の違いにより、テストの結果に有意差が検出されました。SSR
を行うか否かという実施方法の違いがもたらした両群の学習者の多読状況で
大きく異なった点は、両群の読書量（**図 1** 参照）と多読初期段階の平易な
本での読書冊数（**図 2** 参照）です。これらの差が原因で、事後の EPER テ
ストの伸びに差が出てきました。

　両方のグループとも男女がほぼ同数であったので、EPER テストの結果を
それぞれのグループで男女別に分析したところ**図 4**（次ページ）のような結
果になりました。原因を探るため、読書記録を精査したところ、どちらのグ
ループも女子学生のほうが比較的平易な本を多く読んでいました（**表 4**）。

166

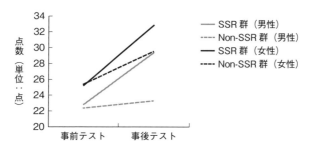

図4　事前と事後 EPER テストの結果（男女別の SSR 群と Non-SSR 群）

(Takase, 2010 に基づく)

表4　男女別の読書量（SSR 群と Non-SSR 群の比較）

期間	実験参加者	SSR 群		Non-SSR 群	
		男子	女子	男子	女子
前期	①読書冊数	89	102	14	40
	②読書語数（単位：千）	110	156	22	33
	1冊平均語数（単位：千）	1.2	1.5	1.5	0.8
後期	①'読書冊数	38	48	23	32
	②'読書語数（単位：千）	211	232	46	49
	1冊平均語数（単位：千）	5.5	5.5	1.9	1.5

(Takase, 2010 に基づく)

　表4で見られるような、女性のほうが男性よりも読書量も多く、平易な本を好んで抵抗なく読むという傾向は、Takase（2011）にも見られました。レベルの高い本を好む傾向は、多くの男子学生に、さらに女子学生にも一部、見受けられます。筆者は彼らのことを Mr. and Ms. Pride と名づけました。

　事実、平易な本を多く読んだほうが（SSS 方式）、SLEP Test（Secondary Level English Proficiency Test）も EPER test も伸びが大きいという結果は、研究するごとに出てきました（Takase, 2004, 2008; 高瀬, 2008）。その SSS を可能にするのは SSR です。つまり、SSS と SSR は同時に行うことにより、英語学習に大きな多読の効果をもたらす、ということがわかります。この傾向は特に英語が苦手な学習者に顕著です（Takase & Otsuki, 2011, 2012; Takase, 2012b）。平易な本をより多く読んだ学習者の英語力がよく伸び

るということは、出現頻度が高い基本語彙 1,000、2,000 だけでなく、基礎的な使用頻度が高いフレーズ、コロケーション、文構造も自動的な認識がなされるということにつながります。これまで、精読で育ってきた学習者は、直読直解に慣れるまでは、かなりレベルを下げた（i –2 や –3）（i minus 2 or 3）本をたくさん読む必要があるようです。もし、多読を英語学習開始時の小学生時期から始めれば、高校生・大学生になるころには、精読用として読んでいるようなレベルの英文も多読図書を読むように直読直解しながらスピーディーに読めるようになり、大学生は英語で書かれた専門書も無理なく読めるようになるのではないかと考えます。

3.　読書方法

　これまで、可能な限り、どの高校・大学でも上記の SSS と SSR の両方を導入してきました。ところがどの場合も、英語力の伸びに個人差が出てきました。そこで、黛・宮津多（2012）、魚住・高瀬（2016）、Yoshizawa, Takase, and Otsuki（2019b）は量的研究に加えて、多読記録手帳を精査して、質的研究を行いました。すると英語力が伸びた学生と伸びなかった学生の読書方法に相違点が見えてきました。

• 伸びなかった学生の読書傾向
　(1) 多読本のシリーズ・レベルがコンスタントでなくて、バラバラで一定していない。
　(2) イラストや写真から内容理解することに終始している。
　(3) 多読スタート時の本のレベルが高すぎる。
　(4) 徐々に本のレベルを上げるのでなく、急に上げている。
　(5) コメントが話の内容に言及していない、他のあらゆる本に当てはまるなど（例：面白い内容でサラッと読めた。わからないところを飛ばしたけど、内容はある程度わかる）。
　(6) 読書スピードが速すぎて、飛ばし読み（部分的に読む）・滑り読み（内容理解せずに文字だけ追う）の可能性がある。

(7) 読書のスピードがあまりに遅い。常に日本語訳をしながら読んでいる可能性が高い。

(8) 未知語を飛ばしても気にならない（話の内容だけを追って、言語への気づきがない）。

• 伸びた学生の読書傾向

(1) SSS方式を遵守し、読書初期の本のレベルが十分に低く、平易な本をまとめて読んでいる。

(2) 内容に関して自分の考えを述べている。

(3) 内容に関するコメントが多い。

(4) 英語（語・フレーズ）にも注目し、言語に関する気づきがある。

(5) いわゆる Home Run Book（好みの本）がある。

(6) 話の展開を推測しながら読んでいる（伏線に気が付いている）。

(7) 同じ GR レベルの本を読むときは、読書スピードが一定で変わらない。

(8) 同じレベルやシリーズの本をまとめて読んでいる（同じレベルやシリーズの本で使用されている共通の語やフレーズとの遭遇頻度が高くなる。また、同じシリーズの本は登場人物が同じで親しみやすく、話に入り込みやすい）。

(9) 学期中だけでなく、夏休みにも自主的に読書をした。

(10) SSS方式で多読を開始し、レベルの低い本からだんだんと着実に本のレベルを上げながら多読を行っている。

(11) 自分の理解度、読書スピード等の向上を実感し、それに言及している。

　多読で伸びた学生は、英語力が違っていても、共通して、上記（1）〜（11）のような読み方をしています。漫然とストーリーを追うだけでなく、言語にも意識を向け、英語に対する気づきや自分のリーディング力の伸びを実感し、それを客観的に評価しています。このような読み方を継続すれば、楽しみながら、言語習得ができるでしょう（詳しくは、魚住・髙瀬, 2016 を参照ください）。

　第5章で述べたように、多読学習の効果は計り知れないものがあります。

情意面での効果は非常に大きいので、小学校 3、4 年で英語学習を開始すると同時に、読み聞かせや語り聞かせという形で、ぜひ耳からのインプットを取り入れてほしいものです。小学生に英語の各種検定試験を受けさせる時間的・資金的余裕があるなら、その代わりに、読み聞かせ・語り聞かせを導入したほうが、情操教育、創造力向上に貢献し、豊かな自由な発想が育っていきます。リスニングは、必ず小学校で開始すべきでしょう。大学生に対する調査では、読めば 100% 理解できるけれども聞けば 20% しか理解できていないという回答がよくあります。大学生でリスニング力を向上させるのは効率が悪いので、小学生から聴覚を鍛えたいものです。小学生から中学・高校・大学と多読を継続していけるような環境が必要です。

　様々な学習効果をもたらすこのような優れた学習法でも、導入時からの指導法がうまくいかなければ、あまり効果を期待できません。様々な実践結果を読まれて、**第 7 章**で述べた、SSS・SSR 方式を導入する必要性をわかっていただいたことでしょう。多読指導を行う場合は、効果的な指導法を理解するのはもちろん大切。そのためには、まず、指導者自身が多読を経験してその効果を実感し、多読の力を信じることが最も重要です。**第 6 章**の 100 万語までの多読の道筋に沿って、Takase（2006）の Eiko さんのように、とりあえず 100 万語を読破してください。その後は自由に好みの本を読みながら、学習者と楽しみを共有してください。

　多読の効果は、決して学習者の情意面の効果や英語力向上だけではありません。社会人になってからの職場等での効果、さらには老年期の認知症の予防効果があり、その発症を遅らせる可能性もあります。黛ほか（2015）は MRI 画像を用い、多読学習歴と脳賦活領域の相関を調べ、大量の英語での読書を行った学習者の脳はバイリンガルの脳の働きに近似しているという結果を報告しました。バイリンガルの脳の働きに似ているということは、認知症の発症を遅らせることができるのではないかと考えられます。バイリンガル・モノリンガル話者と認知症の発症との関係については、**第 3 章 3.5**（78 ～ 79 ページ）を参照ください。

　このように、多読はあらゆる年齢層の人にとって、様々な意味で役に立つものだと言えます。

おわりに：
リーディングベースのプラクティス

1. 第二言語プラクティスにおけるメタ認知的モニタリング

　最近はあまりありませんが、ずっと（今でも）運転免許証を持っていないせいか、筆者は、車の助手席に乗せてもらって遠出するのが好きでした。まだカーナビが普及していないころの話です。そうすると、よく「さっき右折（左折）禁止の標識があったよね」「もう日比谷まで7キロだったね」などといったことをよく運転手の人に聞かれました（**図1**）。

図1　道路標識の例：指定方向外進行禁止、徐行、方面と距離

　運転席のすぐとなりで、ほとんど同じ景色を共有しているのに、そんな標識に全く気づいていない、あるいはそれどころか見えてもいない状態で、「ごめん、あったかどうかわからない」「ええっ、見ていなかった」などと返答し、およそ全くドライバーの役には立ちませんでした。おそらく、視覚情報としては同じように網膜に写っているはずなのですが、全く認識していないのです。

　第3章3.2では、Cowanによるワーキングメモリモデル（embedded-process model）について紹介しました（**第3章図3**）。このモデルは、人の学習（情報習得）のしくみを端的に示すものとして極めて有益なモデルだと考えられます。そこでは、ワーキングメモリとは、意識的処理の対象になっ

172

ている、「活性化した短期的記憶（activated short-term store）」であると
定義されています。そして、その活性化された記憶（知識）中の、一部の情
報が「注意の焦点（FA：focus of attention）」に入ると考えられています
（Cowan, 1999, 2016）。つまり、ワーキングメモリ内で一時的に活性化した情
報（上記の運転の例だと、車の運転手が活性化した様々な道路標識に関連す
る知識）が、いつでも検索・参照できるように、多かれ少なかれ程度の差は
あっても、ワーキングメモリとして活用できる状態になっています。しか
し、それらがすべて FA になっているわけではなく、そのような活性化された
メモリ内情報であっても、FA になっていない無意識の意味情報（unconscious
semantic activation）もあると考えられています（Cowan, 1998: 24）。その
結果、道路標識などの知識を持たず、またそれらに関心を示さない助手席の
筆者に、確認のことばがかけられることになります。以下、**図 2** にモデル
の中心部分のみ掲載します。

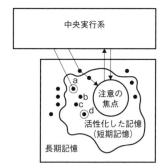

図 2　Cowan によるワーキングメモリモデルの中心部分
（p. 68 の日本語の図 3 から抜粋，Miyake and Sha, 1999: 6）

　以上は、私たちが、視覚、聴覚などを経て、受け取った情報は、実は膨大
でも、それに関連した情報検索が行われ、かつ実行系ワーキングメモリ（中
央実行系）の司令・制御により、FA（注意の焦点）に入らないと十分には
知覚・学習されないことを示唆しています。インプットとして受け取っても
インテイクされない情報が多々あるのはこのためです[1]。

---

[1]　**第 3 章 2.** における、インプットとインテイクと区別の事例を参照。

　では、その FA に入る情報と入らない情報にはどのような違いがあるので
しょうか。これには様々な要因があると考えられますが、筆者はこれまでの
注意に関する認知心理学などの研究から、情報の受け手が持つ「メタ認知
（metacognition）」が重要な役割を果たしているのではないかと考えていま
す。すなわち、メタ認知的知識に基づく、メタ認知的モニタリング及びメタ
認知的コントロールの役割です。

　メタ認知については、既に門田（2018: 130-153）や Kadota（2019: 132-154）
でも、三宮（2008）その他を引用しつつ、やや詳しく解説しました。そこで
は次の３つが必要になることがわかっています。

（1）メタ認知的知識（metacognitive knowledge）
（2）メタ認知的モニタリング（metacognitive monitoring）
（3）メタ認知的コントロール（metacognitive control）

　（1）のメタ認知的知識には、自身や他者の認知特性や、対象とする課題、
学習方略（ストラテジー）についての知識などがあります。話を第二言語と
しての英語学習に限ると、自分は「英語のリスニングは苦手だがリーディン
グは得意だ」「未知語が多い英文は読みにくい」「英文を読む前にタイトルか
ら内容を予測することは重要」といった知識です。

　次に、このようなメタ認知的知識を、実際の課題遂行において、正しく活
用することが必要になります。これを「メタ認知的活動」といい、（2）メタ
認知的モニタリングと、（3）メタ認知的コントロールがあります（**図3**）。

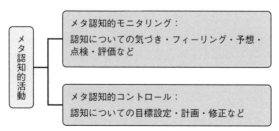

**図3　メタ認知的活動：メタ認知的モニタリングとメタ認知的コ
　　ントロール**（三宮, 2008: 9 に基づく）

　メタ認知的モニタリングとは、英語学習時の課題、たとえばリーディング課題実行時に、自分自身の読みや理解がスムーズに進んでいるかどうかを自身で判断して、評価することです。

　また、メタ認知的コントロールは、モニタリングの結果、課題の実行方法を修正したり、目標を再設定したりすることなどを指しています。たとえば、予想以上に英文の内容理解に時間がかかり、最初決めた時間内に到底読み終わらないと判断したときには、①読むスピードを速くする、②すべての語や文を読もうとしないで、重要だと思う文だけを読んで理解しようとする、③読みの終了予定時間を延長する、などの変更をすることになります。このメタ認知的活動において重要な役割を果たしているのは、**第3章**でお話ししたように、大脳前頭前野で中央実行機能を担う実行系ワーキングメモリです。

　以上の議論を簡単にまとめると、次のようになります。

(1) FA は、実行系ワーキングメモリ（中央実行系）によって制御される。
(2) 実行系ワーキングメモリは、メタ認知的知識に基づき、メタ認知的モニタリング及びメタ認知的コントロールを実行する。
(3) 実行系ワーキングメモリにより、FA の対象にならないと、メタ認知的モニタリングやコントロールの対象にはならない。
(4) 以上は、第二言語（英語）学習における、単語やフォーミュラなど、インプット言語に対する、気づき（noticing）とそれに伴うインテイク（intake）の前提条件である。

　門田（2018）及び Kadota（2019）は、第二言語（英語など）の習得を成功に導くポイントとしての「IPOM」、すなわち、第二言語の「インプット処理（input processing）」「プラクティス（practice）」「アウトプット産出（output production）」「メタ認知的モニタリング（monitoring）」の4本柱（ポイント）を提唱しています。その中の1つの柱であるプラクティスが、インプット処理とアウトプット産出をつなぐものとして極めて重要であると考えられます。とりわけ、母語である日本語とはかけ離れた、言語間距離（linguistic distance）が非常に大きい言語である英語を学ぶ、日本人学習者

には、十分なプラクティスが必須であると言えます（門田, 2020: 116-121）。
このプラクティスにおいても、実行系ワーキングメモリによりワーキングメ
モリ内のFA（注意の焦点）をいかに実現するかが、メタ認知的モニタリン
グやコントロールを活用するポイントになると考えることができます。

　次節では、プラクティスとして仮定されている、インプット駆動型プラク
ティスとアウトプット駆動型プラクティスについて、メタ認知的活動との関
連から、検討したいと思います。

2.　第二言語習得の要としてのプラクティス

2.1　2種類のプラクティス

　Kadota（2019: 167–170）は、IPOMの1つの核となる、「インプット処理（I）
とアウトプット産出（O）をつなぐプラクティス（practices connecting input
processing and output production）」の重要性を議論する中で、インプット駆
動型プラクティス（input-driven practice）とアウトプット駆動型プラクティス
（output-driven practice）の区別を提案しています。

　かつて、Krashen（1985）は、学習者の現在の第二言語レベルを仮に「i」
とすると、望ましい言語インプットは、「$i+1$」という、それよりも若干上
回る「理解できるインプット」が最適であるという「インプット仮説」を提
唱しました。このインプット仮説を受けて、第二言語で大量のインプット処
理を実践するプラクティスとして、「インプット駆動型プラクティス」が提
案されました（Kadota, 2019）。

　すなわち、大量のインプット処理（多読）を実行することは、様々な異な
る文脈の中で、同じ単語・表現に繰り返し遭遇する機会を保証することにな
ります。これは、「疑似反復プライミング（quasi-repetition priming）」と呼
ぶべき意味処理を伴う「反復練習」（門田ほか, 2014: 166–168）です。そし
て、この疑似反復プライミングこそが、本書第5～7章で詳しく検討した、
多読・多聴による学習法の効果を理論化する基礎になるのではないかと考え
られます。

　これと対照させる形で、Kadota（2019: 167–170）により提案されたのが、

「アウトプット駆動型プラクティス（output-driven practice）」です。これは、現在わが国の中学・高校・大学の学校英語教育はもちろん、英語コミュニケーション能力の獲得を目指す社会人のための学習法としても定着した、「音読・シャドーイング（oral reading / shadowing）」による反復プライミング学習です。

　この音読・シャドーイングの学習法は、私たちが音声言語（発話）を生み出す言語産出（language production）の主要なプロセスを、シミュレーション（予行演習）する効果があると考えられるものです（門田, 2018）。

　とりわけ、発話内容をあれこれと考えるメッセージ生成（message generation）段階は別にして、それ以外の多くの過程を模擬的に実行するシミュレーション効果があると仮定されています。このようなスピーキング（アウトプット）能力を高めるプラクティスの効果を、門田（2018）及び Kadota（2019）は、「アウトプット駆動型プラクティス（output-driven practice）」と名づけました。言い換えると、Swain（1995）などが主張するアウトプット理論（output theory）につながるプラクティス効果を持つのではないかと考えているのです（詳細は、Kadota, 2019 の Chapter 6 参照）。

　次の図4は、これら2つのタイプのプラクティスと、これまで第二言語習得研究において提案されてきた「インプット理論」、「アウトプット理論」との関連性を図で示したものです。

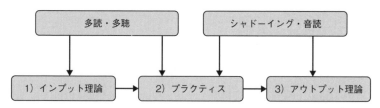

図4　インプット駆動型プラクティス（多読・多聴）及びアウトプット駆動型プラクティス（音読・シャドーイング）と、インプット理論とアウトプット理論との関連性（Kadota, 2019: 168）

2.2　インプット駆動型プラクティス（多読・多聴）のしくみ

　多読・多聴がなぜ英語など第二言語の習得に効果的であるかについて、一般には、大量の「理解できるインプット（comprehensible inputs）」を提供してくれるからだと言われます。本書第7章（158ページ）でも、Krashen（1985）の、"Human acquires language in only way – by understanding messages, or by receiving comprehensible input"（「人はメッセージ内容を理解すること、つまり理解可能なインプットを受けることによってのみ言語習得ができるのである」）という説明を引用しつつ、ことばの習得には理解可能なインプットが必須で、これが必要条件になると述べています。これが、多読・多聴の学習効果を、インプット仮説をもとにした説明です。

　これに対し、Kadota（2019）は、多読・多聴がなぜ言語習得に効果的かについては、インプット仮説が関係するだけでなく、既に上述した、疑似反復プライミング（quasi-repetition priming）」という、意味処理を伴う反復練習を提供するからではないかと考えています。

　この後者の考え方（インプット駆動型プラクティス）について検討する中で、このような反復練習による多読・多聴のインプット駆動型プラクティスは、実は「第二言語の用法基盤モデル（usage-based theory of L2 acquisition）」とも密接に関連しあうものであると指摘しています（詳細は、Kadota, 2019: 172-175 を参照）。

　多読学習が掲げる三原則[*2] は、読書（リーディング）に基づいて、母語獲得を達成する、その方法をほぼそのまま第二言語に具体化した学習原則です。言い換えますと、多読による第二言語学習は、母語獲得と同様の潜在学習プロセスを、第二言語としての英語の学習に、取り込んだものだと考えることができるのです。つまり、多読による言語学習は、それを通じて、特定の単語や表現に何回も出合い、それらを何度も繰り返し処理するチャンス（機会）を与えてくれます。大量のインプット処理をする中で、様々な異なる文脈の中で、同じ単語や表現に繰り返し遭遇する「疑似反復プライミング」とも言える意味処理を伴う反復練習（practice）の機会を提供してくれるの

[*2] 「英語は英語のまま理解する」「7〜9割の理解度で読む」「つまらなければ後回し」という 2013 年 8 月開催の日本多読学会にて「新・多読三原則」として改訂されたもの。

です（門田ほか, 2014: 166-168）。

　ところで、Nation（2014）は、どの程度「多読」をすればどのくらい同一の単語に遭遇するかについて検討した研究成果を出しています。それによりますと、ほぼ 3,000 語レベルまでの語彙（ワードファミリ：word family*3）に、それぞれ最低でも約 12 回出合うには、300,219 語のインプットが必要であり、5,000 語レベルまでの語彙を少なくとも 12 回以上処理するには、ほぼ 1,061,382 語のインプットが必要であると結論づけています。言い換えますと、いわゆる「100 万語多読」（**第 6 章 4.** 参照）で 12 回以上同一語に遭遇して、やや低く見積もって、仮に 60 パーセントの語彙習得が達成されたとすると、5,000 ワードファミリのうち、日常的な英語コミュニケーションに必要とされる上位 3,000 ワードファミリを反復学習により習得できることになるのです。

　多読・多聴による学習は、このように、いわば「母語における読書」のように流暢なインプット処理体験を、第二言語において大量に実現させようとするものです。そしてこのような体験を通じて、自然な潜在的なことばの習得を目指すものであると言えます。

　ただし、ここで注目すべきポイントは、実はこの潜在学習においても、メタ認知的活動の重要性が指摘できる点にあります。すなわち、メタ認知的モニタリングやコントロールといったメタ認知的活動を実行しないよりは実行したほうがはるかに優れた効果があると予測できるのです。

　実際に、本書**第 5 章**（118 ページ）では、多読の語彙力の増強効果として、次のような結果が出ていると報告されています。

（1）学習者が未知語に注目し、写真やイラストから探してみたり、前後の内容から推測しながら読んだりするほうが、習得する語彙が記憶に残るようになる。

（2）ストーリーだけでなく言語形式にも注意を向けて読んでいる学習者のほうが、英語力全般の伸びが大きい。

＊3　接辞（affix）など派生語も含め、三人称や過去形などの屈折語も含めてすべてまとめて 1 語と数える（たとえば、help, helped, helpful, helping, helpless も含めて 1 つの語）方式。

　上記（1）は、コンテキスト内で未知語の推測活動をするほうが、単語帳などに未知の語彙をリストアップしてそれらの和訳を覚えるよりも、新たな単語のインテイクがしやすい（記憶に残りやすい）というような情報（知識）があります。このメタ認知的知識をもとに、自身の読みをモニタリングして、多読時の推測活動を見直した（コントロールした）結果、学習者が語彙力の増強に成功したということを示していると言えます。

　また、（2）については、言語形式（文法・構文など）と意味内容とのマッピングの重要性に関する知識に基づき、自身の読みをモニタリングして、言語形式と意味とのマッピングに注目した（FA の対象にした）結果、より効率的に長期記憶への転送が可能になったと解釈できるでしょう。

　さらに、**第 5 章**（122 ページ）では、次のように報告しています。

（3）読書中には辞書を引かずに、読書後に気になる語彙を辞書で確認して、推測した意味と照らし合わせれば、さらに語彙習得が確実になる。

　この（3）も、精読では辞書をフル活用するのに対して、多読中は辞書使わないことが推奨されるという知識（**第 5 章 2. 表 1** 参照）を学習者が持っていたとします。そうして、実際に多読中には辞書を引かず、気になる語を書き留めるなどしておき、多読終了後に、辞書確認というメタ認知的コントロールを実行した結果、確実な語彙習得ができたということになるでしょう。

　（1）〜（3）のいずれも、多読中（あるいは多読終了後）に、メタ認知的知識、メタ認知的モニタリングに基づいて、メタ認知的コントロールを実行した学習効果であると考えられます。

　本書序章**図 2** では、Samuels（1994）が提案した、第一言語（母語）における流暢な読みのモデル（読みと注意に関するモデル）を引用して解説しました。その後、その改訂版が Samuels（2006: 38）によって提案されています。それが次のページの**図 5** です。

　要は、「ディコーディング」と「理解」の 2 つではなく、主として内容の理解を行いながらも、「ディコーディング」「理解」「読みの（メタ認知的）モニタリング」の 3 つを同時に並行して実行しているというモデルで、これ

が母語話者による「流暢な読み（fluent reading）」のしくみであるという
のです。

　母語における以上のような流暢な読みは、同様のしくみを第二言語の読み

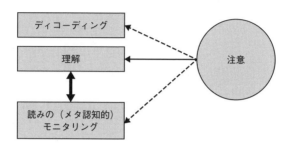

図5　流暢な読み手の理解（Samuels 2006: 38 に基づく）

において実現しようとする多読において、目標とするプロセスを示すものと
言えるでしょう。すなわち、インプット駆動型プラクティスとしての多読の
プロセスとして、次の3つがほぼ同時並行的に進行することが、推奨されて
いると考えられます。

(1) ディコーディング：文字言語の音韻符号化で、これが自動化している
　　ことが読みでは不可欠。
(2) 理解：文法・意味処理を実行しつつ、書かれたテキストの内容理解を
　　することで、学習者自身が主にそのターゲットにしているもの。
(3) メタ認知的モニタリング：学習者の主たる関心事（内容理解）ではな
　　いものの、様々なメタ認知的知識に基づいた、自身の読みのモニタリ
　　ングを行い、必要に応じて読みのプロセスをコントロールすること。

　以上は、多読のあるべきしくみですが、これはほぼそのままインプットプ
ラクティスとしての多聴にも、当てはまります。すなわち、次の3つをほぼ
同時並行的に進行させることが、推奨されるのです。

(1) 音声知覚：インプット音声を知覚して発音（音韻）の心内表象の形成

で、これが自動化していることが、リスニングでは不可欠。

(2) 理解：文法・意味処理を実行しつつ、書かれたテキストの内容理解をすることで、リーディングと同じくリスニングでも、学習者自身が主にそのターゲットにしているもの。

(3) メタ認知的モニタリング：学習者の主たる関心事の内容理解ではないものの、様々なメタ認知的知識に基づいた、自身のリスニングについてモニタリングを行い、必要に応じて、自らのリスニング（聴き方）をコントロールすること。

　以上まとめると、多読・多聴という「インプット駆動型プラクティス」を活用して、英語などの第二言語の習得を成功に導くには、メタ認知的活動（モニタリングとコントロール）により、インプット中の必要な言語情報にいかにして FA（注意の焦点）を向けることが必要に応じてできるか、これが極めて重要なポイントになると考えられます。

2.3　アウトプット駆動型プラクティス（音読・シャドーイング）のしくみ

　前節では、インプット駆動型プラクティス（多読・多聴）における、「（メタ認知的）モニタリング」の重要性について解説しました。これに対し、音読・シャドーイングのアウトプット駆動型プラクティスにおいては、「（メタ認知的）モニタリング」は、学習者がことさら注意を向けなくても、当然のごとく自動的に入ってきます。そうです、それが「聴覚フィードバック（auditory feedback）」です。

　門田（2020）は、わが国の英語の学習・教育で、広く実践されている音読をもとに、スピーキング力にいかにつなげるか考察する中で、音読の「多重処理」過程に注目しています。

　すなわち、音読は次ページの**図6**が示すように、次の4つのプロセスの多重処理をほぼ同時並行で実行するプロセスです。

(1) 音韻符号化：眼球運動（**序章3節**参照）を通じて取り込んだ、書きことばを音読するには、まず音声への変換をして、「音韻表象」を取

得することが必須です（**第1・2章**参照）。

(2) 文法・意味処理：(1) で得られた音韻表象をもとに、今度は文の意味内容を理解することが必要で、そのために、様々な言語情報を駆使して、文法的・意味的な処理をします。

(3) 発音（発声）：上記 (1) (2) を完了すると即座に、声に出して発音（発声）します。これが、音読の中心的なタスクです。

(4) 聴覚フィードバック：音読音声は読み手自身が自ら聞いてその成否をチェックする「聴覚フィードバック」が行われます。これが上でお話しした、インプット駆動型プラクティスにおける「（メタ認知的）モニタリング」に当たります。

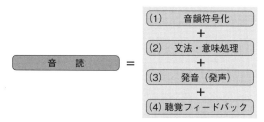

図6　音読における多重処理プロセス
（門田, 2020: 28 に基づく）

同様に、もう1つのアウトプット駆動型プラクティスであるシャドーイングについても、**図7**のような多重処理プロセスが想定されます。

やはり、次の4つの同時処理過程です。

(1) 音声知覚：耳から聞こえてきた音声インプットを、頭の中の言語処理システムに知覚・インプットして、どんな音声が聞こえてきたかに基づいて「音韻表象」を形成します（門田, 2018: 41-42）。

(2) 文法・意味処理：これは、(1) で形成した音韻表象をもとに、文の意味内容を、文法的・意味的に理解する段階です（門田, 2018: 42-43）。

(3) 発音（発声）：上記 (1) (2) を実行しつつ、ほぼ同時進行で今度は聴取したインプット音声を即座に声に出して発音します。これがシャドーイングの中心的なタスクです。

(4) 聴覚フィードバック：自身のシャドーイング音声は、同時に自ら聞い
　　てその成否をチェックする「聴覚フィードバック」が行われます。音
　　読と同様に、これがインプット駆動型プラクティスにおける、「（メタ
　　認知的）モニタリング」に相当するものです。

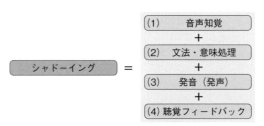

図7　シャドーイングにおける多重処理プロセス
（門田, 2020: 27 に基づく）

　このように見てくると、音読・シャドーイングというアウトプット駆動型
プラクティスも、「（メタ認知的）モニタリング」をそのしくみとして必然的
に含むものであると言えます。このフィードバックに基づいて、自身の音読
やシャドーイングの方法をモニタリングして、即座に、あるいは今後の学習
用に、修正して生かすというメタ認知的コントロールが非常に重要になって
きます。そうすると、音読・シャドーイングという「アウトプット駆動型プ
ラクティス」においても、第二言語（英語など）の習得を成功に導くには、
メタ認知的活動を行いながら、インプット中の必要な言語情報にどのように
FA（注意の焦点）を向けていくかが極めて重要なポイントになると言える
のではないでしょうか。
　以上お話しした、メタ認知的活動は、反復プライミングに基づく潜在学習
において、非常に重要な位置を占めることが理解できるかと思います。今後
のさらなる実証的・理論的研究に期待したいと思います。

参照文献

Anderson, R., Wilson, P., &. Fielding, L. (1988). Growth in reading and how children spend their time outside of school. *Reading Research Quarterly, 23,* 285-303.

Asraf, R. M., & Ahmad, I. S. (2003). Promoting English language development and the reading habit among students in rural schools through the guided extensive reading program. *Reading in a Foreign Language 15,* 83-102.

Atkinson, R. C., & Shiffrin, R. M. (1968). Human memory: A proposed system and its control processes. K. W. Spence & J. T. Spence (Eds.), *The psychology of learning and motivation: Advances in research theory* (*Vol. 2*) (pp. 89-195). New York: Academic Press.

Bachman, L. F. (1985). Performance on cloze tests with fixed-ratio and rational deletions. *TESOL Quarterly, 19,* 535-556.

Baddeley, A. D. (2000). The episodic buffer: A new component of working memory? *Trends in Cognitive Sciences, 4,* 417-423.

Baddeley, A. D. (2012). Working memory: Theories, models, and controversies. *Annual Review of Psychology, 63,* 1-29.

Baddeley, A. D. (2018). *Exploring working memory: Selected works of Alan Baddeley.* New York: Routledge.

Baddeley, A. D., & Hitch, G. J. (1974). *Working memory.* G. A. Bower (Ed.), *The psychology of learning and motivation: Advances in research and theory* (pp. 47-89). New York: Academic Press.

Bak, T. H., Nissan, J. J., Allerhand, M. M., & Deary, I. J. (2014). Does bilingualism influence cognitive aging? *Annals of Neurology, 75,* 959-963.

Bamford, J., & Day, R. R. (Eds.). (2004). *Extensive reading activities for teaching language.* Cambridge: Cambridge University Press.

Barger, J. (2003). *Comparing the DIBELS oral reading fluency indicator and the North Carolina end of grade reading assessment* (Technical Report). Asheville, NC: North Carolina Teacher Academy. Retrieved from https://dibels.uoregon.edu/docs/techreports/NC_Tech_Report.pdf

Beglar, D., Hunt, A., & Kite, Y. (2012). The effect of pleasure reading on Japanese university EFL learners' reading rates. *Language Learning 62,*

665-703.

Bialystok, E. (2011). Reshaping the mind: The benefits of bilingualism. *Canadian Journal of Experimental Psychology, 65,* 229-235.

Breen, M., & Clifton, C. Jr. (2011). Stress matters effects of anticipated lexical stress on silent reading. *Journal of Memory and Language, 64,* 153-170.

Breen, M. (2014). Empirical investigations of the role of implicit prosody in sentence processing. *Language and Linguistics Compass, 8,* 37-50.

Carrell, P. L. (1985). Facilitating ESL reading by teaching text structure. *TESOL Quarterly, 19,* 727-752.

Carrell, P. L., & Eisterhold J. C. (1983). Schema theory and ESL reading pedagogy. *TESOL Quarterly, 17,* 553-573.

Chall, J. S. (1983). *Stages of reading development.* New York: Harcourt Brace.

Chang, A. C. & Hu, H. M. (2018). Learning vocabulary through extensive reading: Word frequency levels and L2 learners' vocabulary knowledge level. *Teaching English as a Second or Foreign Language, 22,* 1-20.

Chen, X., Anderson, C., Li, W., Hao. M., Wu, X., & Shu, H. (2004). Phonological awareness of bilingual and monolingual Chinese children. *Journal of Educational Psychology, 96,* 142-151.

Coltheart, M. (1980). Reading, phonological recoding and deep dyslexia. M. Coltheart, K. Patterson, & J. C. Marshall (Eds.), *Deep dyslexia* (pp. 197-226). London: Routledge & Kegan Paul.

Coltheart. M. (2006). Dual route and connectionist models of reading: An overview. *London Review of Education, 4,* 5-17. https://doi.org/10.1080/13603110600574322.

Cook, V. (2016). *Second language learning and language teaching* (5th ed.). New York: Routledge.

Cowan, N. (1998). *Attention and memory: An integrated framework.* New York: Oxford University Press.

Cowan, N. (1999). An embedded-processes model of working memory. A. Miyake & P. Shah (Eds.), *Models of working memory: Mechanisms of active maintenance and executive control* (pp. 28-61). Cambridge: Cambridge University Press.

Cowan, N. (2000). The magical number 4 in short-term memory: A reconsideration of mental storage capacity. *Behavioral and Brain Sciences, 24,* 87-185.

Cowan, N. (2016). *Working memory capacity: Classic edition.* New York: Routledge.

Day, R. R., & Bamford, J. (1998). *Extensive reading in the second language classroom*. Cambridge: Cambridge University Press.

Day, R. R., & Bamford, J. (2002). Top ten principles for teaching extensive reading. *Reading in a Foreign Language, 14*, 136-141.

Dehaene, S. (2009). *Reading in the brain: The new science of how we read*. New York: Penguin Books.

Dehaene, S. (2013). Lecture by Dr. Stanislas Dehaene on "Reading in the brain". (https://www.youtube.com/watch?v=MSy685vNqYk)

Dehaene, S. (2013). Lecture by Dr. Stanislas Dehaene on "Reading the Brain". https://www.youtube.com/watch?v=MSy685vNqYk

Dehaene, S. & Cohen, L. (2011). The unique role of the visual word form area in reading. *Trends in Cognitive Sciences, 15*, 254-262. 10.1016/j.tics.2011.04.003.

Edinburgh Project on Extensive Reading. (1992). *The EPER guide to organizing programmes of extensive reading*. University of Edinburgh, Institute for Applied Language Studies.

Ehri, L.C., Nunes, S. R., Willows, D. M., Schuster, B. V., Yaghoub-Zadeh, Z., & Shanahan, T. (2001). Phonemic awareness instruction helps children learn to read: Evidence from the national reading panel's meta-analysis, *Reading Research Quarterly, 36, 250-287.*

Elkonin, D. B. (1973). USSR. J. Downing (Ed.), *Comparative reading: Cross-national studies of behavior and processes in reading and writing* (pp. 551-579). New York: Macmillan.

Elley, W. B., & Mangubhai, F. (1981). The impact of a book flood in Fiji primary schools. *New Zealand council for educational research and institute of education*. University of South Pacific.

Elley, W. B., & Mangubhai, F. (1983). The impact of reading on second language learning. *Reading Research Quarterly, 19*, 53-67.

Fodor, J. D. (2002). Psycholinguistics cannot escape prosody. *Proceedings of Speech Prosody 2008*, Aix-en-Provence, France.

Frazier, L., & Gibson, E. (Eds.) (2015). *Explicit and implicit prosody in sentence processing: Studies in honor of Janet Dean Fodor*. Springer.

Fries, C. C. (1962). *Linguistics and reading*. New York: Holt, Rinehart and Winston.

Frith, U. (1985). Beneath the surface of developmental dyslexia. In K. E. Patterson, J. C. Marshall, & M. Coltheart (Eds.), *Surface dyslexia*, (pp. 301-330). London: Erlbaum.

Furukawa, A., Takase, A., & Nishizawa, H. (2009). *A Successful ER Program for Japanese Students of all ages*. Paper presented at the 43rd Annual TESOL Convention and Exhibit. Denver.

Furutaka, A. (2013). *Extensive Reading and Use of the L1: When and Why do Learners Switch into their L1*. Paper presented at The Second Extensive Reading World Congress. Seoul.

Goodman, K. S. (1967). Reading: A psycholinguistic guessing game. *Journal of Reading Specialist, 6,* 126-135.

Goodman, K. S. (1971). Psycholinguistic universals in the reading process. P. Pimsleur & T. Quinn (Eds.), *The psychology of second language learning* (pp. 135-142). Cambridge: Cambridge University Press.

Gough, P. B., & Tunmer, W. E. (1986). Decoding, reading, and reading disability. *RASE: Remedial & Special Education, 7,* 6-10. https://doi.org/10.1177/074193258600700104

Grabe, W., & Stoller, F. L. (2011). *Teaching and researching reading* (2nd ed.). Great Britain: Pearson Education.

Hafiz, F. M., & Tudor, I. (1990). Graded readers as an input medium in L2 learning. *System, 18,* 31-42.

Hayashi, Y. (2019). Investigating effects of working memory training on foreign language development. *The Modern Language Journal, 103,* 665-684.

Hayashi, Y., Kobayashi, T., & Toyoshige, T. (2016). Investigating the relative contributions of computerized working memory training and English language teaching to cognitive and foreign language development. *Applied Cognitive Psychology, 30,* 196-213.

Henry, J. (1995). *If not now.* NH: Boynton/Cook Publishers, Heinemann.

Heyer, S. (1989). *More true stories.* New York: Addison Wesley Longman.

Heyer, S. (1994). *Easy true stories.* New York: Longman Publishing Group.

Heyer, S. (1996). *True stories in the news.* New York: Addison Wesley Longman.

Hino, N. (1988). "Yakudoku": Japan's dominant tradition in foreign language learning. *JALT Journal, 10,* 45-53.

Horst, M., Cobb, T., & Meara, P. (1998). Beyond a clockwork orange: Acquiring second language vocabulary through reading. *Reading in a Foreign Language, 11,* 207-223.

Huffman, J. (2014). Reading rate gains during a one-semester extensive reading course. *Reading in a foreign language 26,* 17-33.

Hunt, R., & Brychta, A. (1985). *Oxford reading tree series.* London: Oxford University Press.

Iwahori, Y. (2008). Developing reading fluency: A study of extensive reading in EFL. *Reading in a Foreign Language 20,* 70-91.

Jalongo, M. (2008). *Learning to listen, listening to learn: Building essential skills in young children.* Washington, DC: National association for the education of young children.

Just, M. A., & Carpenter, P. A. (1980). A theory of reading: From eye fixation to comprehension. *Psychological Review, 87*, 329-354.

Just, M. A., & Carpenter, P. A. (1992). A capacity theory of comprehension: Individual differences in working memory. *Psychological Review, 99*, 122-149.

Kadota, S. (1984). Subvocalization and processing units in silent reading. *Journal of Assumption Junior College, 11*, 29-58.

Kadota, S. (1987). The role of prosody in silent reading. *Language Sciences, 9*, 185-206.

Kadota, S. (2019). Shadowing as a practice in second language acquisition: Connecting inputs and outputs. London: Routledge.

Kadota, S., Hase, N., Miki, K., & Shiki, O. (2017). Cognitively more challenging computer-based lexical processing test: What does it tell us about lexical fluency? A Paper Presented at AAAL 2017. Portland: Marriott Portland Downtown Waterfront.

Kadota, S., & Ishikawa, K. (2005). Do Japanese EFL learners activate phonology in reading English words and Japanese kanji? *JACET Bulletin, 40*, 55-75.

Kadota, S., Shiki, O., & Hase, N. (2015). Developing the cognitively challenging 'CELP-Com Test'. A Paper Presented at the JACET Reading SIG International Forum. Osaka: Kwansei Gakuin University.

Kawasaki, M. (2012). A comparison of the decoding skills of children and adolescents: An examination of automaticity and error types. *Language Education & Technology, 50*, 1-21.

Kawasaki, M., & Saito, T. (2015). *Development of phonemic awareness of Japanese elementary school children as a basis for English literacy.* Paper presented at HICE2015 (Hawaii International Conference on Education), Hawaii.

Kelly, C. (2016). *The neuroscience of stories why our brain love them.* Invited speech at JERA 9th Kansai ER Seminar. Konan University, Nishinomiya.

Krashen, S. D. (1985). *The input hypothesis: Issues and implications.* New York: Longman

Krashen, S. D. (1989). We acquire vocabulary and spelling by reading: Additional evidence for the input hypothesis. *The Modern Language Journal, 73*, 440-464.

Krashen, S. D. (1993). The input hypothesis: An update. J. Alatis (Ed.), *Georgetown university round table on language and linguistics, 1991.* Washington, D.C.: Georgetown University Press.

Kweon, S. O., & Kim, H. R. (2008). Beyond raw frequency: Incidental vocabulary

190

acquisition in extensive reading. *Reading in a Foreign Language 20*, 191-215.

Lee, J., & Schallert, L. D. (2016). Exploring the reading-writing connection: A yearlong classroom-based experimental study of middle school students developing literacy in a new language. *Reading Research Quarterly, 51*, 143-164.

Lee, S. Y., & Hsu, Y. Y. (2009). Determining the crucial characteristics of extensive reading programs: The impact of extensive reading on EFL writing. *The International Journal of Foreign Language Teaching, 5*, 12-20.

Levy, B. A. (1977). Reading: speech and meaning processes. *Journal of Verbal Learning and Verbal Behavior, 16*, 623-638.

Lin, D., McBride-Chang, C., Shu, H., Zhang Y., Li, H., Zhang, J., Aram, D., & Levin, I. (2010). Small wins big: Analytic pinyin skills promote Chinese word reading. *Psychol Sci. 2010 Aug, 21*, 1117-1122.

Maruhashi, K. (2011). The effect of extensive reading on Japanese EFL learners' grammatical competence. Unpublished graduate dissertation, Kansai University, Osaka.

Mason, B., & Krashen, S. (1997a). Extensive reading in English as a foreign language. *System, 25*, 99-102.

Mason B., & Krashen, S. (1997b). Can extensive reading help unmotivated students of EFL improve? *ITL Review of Applied Linguistics,* 117-118.

Matsui, T., & Noro, T. (2004). The Effects of 10-minute Sustained Silent Reading on Junior High School EFL Learners' Reading Fluency and Motivation. Reading. *Annual Review of Japan Society of English Language Education, 21*, 71-80.

McCutchen, D., & Perfetti, C. A. (1982). The visual tongue-twister effect: Phonological activation in silent reading. *Journal of Verbal Learning and Verbal Behavior, 21*, 672-687.

McGuigan, F. J. (1970). Covert oral behavior during the silent performance of language tasks. *Psychological Bulletin, 74*, 309-326.

Mermelstein, A. D. (2015). Improving EFL learners' writing through enhanced extensive reading. *Reading in a Foreign Language, 27*, 182-198.

Miki, K., Hase, N., Kadota, S., & Shiki, O. (2019). Reconsidering the challenges of two-stage computer-based English Lexical processing test. A Paper Presented at the FLEAT VII Conference. Tokyo: Waseda University.

Mikulecky, B. S., & Jeffries, L. (1986). *Reading power: Reading faster, thinking skills, reading for pleasure, comprehension skill.* U.S.A: Addison-Wesley.

Miller, G. A. (1956). The magical number seven, plus or minus two: Some limits on our capacity for processing information. *Psychological Review, 63*, 81-97.

Miyake, A. & Shah, P.（Eds.）（1999）. *Models of working memory: Mechanisms of active maintenance and executive control.* Cambridge: Cambridge University Press.

Morais, J., Cary, L., Alegria, J., & Bertelson, P.（1979）. Does awareness of speech as a sequence of phones arise spontaneously? *Cognition, 7,* 323-331. https://doi.org/10.1016/0010-0277(79)90020-9

Murphy, R.（2011）. *Basic grammar in use.* 3rd ed. Cambridge: Cambridge University Press.

Nag, S., Vagh, S. B., Dulay, K. M., & Snowling, M. J.（2019）. Home literacy, school language and children literacy attainments: A systematic review of evidence from low- and middle-income countries. *The Review of Education, 7,* 91-150. https://doi.org/10.1002/rev3.3130

Nation, I. S. P.（2001）. *Learning vocabulary in another language.* Cambridge: Cambridge University Press.

Nation, I. S. P.（2014）. How much input do you need to learn the most frequent 9,000 words? *Reading in a Foreign Language, 26,* 1-16.

Nation, I. S. P.（2015）. Principles guiding vocabulary learning through extensive reading. *Reading in a Foreign Language, 27,* 136-145.

NICHD（National Institute of Child Health and Human Development）（2000）. Report of the national reading panel: Teaching children to read. Washington, DC: NICDH. Retrieved from http://www.nichd.nih.gov/publications/nrp/smallbook.cfm.

Nishizawa, H., Yoshioka, T., & Fukada, M.（2010a）. The impact of a 4-year extensive reading program. *JALT 2009 Conference Proceedings,* 632-640.

Novak, B.J.（2016）. *Book with no picture.* London: Puffin.

Osaka, M.（2014）. "The mind's scratch pad of the brain"=working memory: Its role and importance. Division of Cognitive Neuroscience Robotics -Institute of Academic Initiatives, Osaka University.

Otsuki, K. & Takase, A.（2012）. Comparison of pedagogical grammar in picture books and English textbooks. *Extensive Reading World Congress Proceedings, 1,* 116-119.

Palmer, H. E.（1964）. *The principles of language-study.* Oxford: Oxford University Press.（Original work published in 1921.）

Palmer, H. E.（1968）. *The scientific study and teaching of languages.* Oxford: Oxford University press.（Original work published in 1917.）

Petrides, M., Alivisatos, B., Meyer, E., & Evans, A. C.（1993）. Functional activation of the human frontal cortex during the performance of verbal working memory tasks. *Proceedings of the National Academy of Science of the USA, 90*, 878-882.

Pilgreen, J. L. (2000). *The SSR handbook*. Boynton/Cook Heinemann.

Rayner, K. (2001). What have we learned about eye movements during reading? M. Klein & P. McMullen (Eds.), *Converging methods for understanding reading and dyslexia* (pp. 23-56). Cambridge, MA: MIT Press.

Rende, B., Ramsberger, G., & Miyake, A. (2002). Commonalities and differences in the working memory components underlying letter and category fluency tasks: A dual-task investigation. *Neuropsychology, 16*, 309-321,

Robb, T., & Kano, M. (2013). Effective extensive reading outside the classroom: A large scale experiment. *Reading in a foreign language 25*, 234-247.

Robb, T., & Susser, B. (1989). Extensive reading vs. skills building in an EFL context. *Reading in a Foreign Language 5*, 239-251.

Rodrigo, V., Krashen, S.D., & Gibbons, B. (2004). The effectiveness of two comprehensible-input approaches to foreign language instruction at the intermediate level. *System, 32*, 53-60.

Rott, S. (1999). The effect of exposure frequency on intermediate language Learners' incidental vocabulary acquisition through reading. *Studies in Second Language Acquisition, 21*, 589-619.

Samuels, S. J. (1994). Toward a theory of automatic information processing in reading, revisited. R. B. Ruddell, M. R. Ruddell, & H. Singer (Eds.), *Theoretical models and processes of reading* (4th ed.) (pp. 816-837). Newark, DE: International Reading Association.

Samuels, S. J. (2006). Toward a model of reading fluency. S. J. Samuels & A. E. Farstrup (Eds.), *What research has to say about fluency instruction* (pp. 24-46). Newark, DE: International Reading Association.

Sandman-Hurley, K., & Block-Zaretsky, T. (2019). Dyslexia for a day: A simulation of dyslexia. The Workshop Held in International Literacy Association (ILA) 2019 Conference. New Orieans: New Orleans Convention Center.

Saragi, T., Nation, I.S.P., & Meister, G.F. (1978). Vocabulary learning and reading, *System, 6*, 72-78.

Scarborough, H. S. (2001). Connecting early language and literacy to later reading (dis) abilities: Evidence, theory, and practice. S. Neuman & D. Dickinson (Eds.), *Handbook for research in early literacy* (pp. 97-110). New York, NY: Guilford Press.

Sheu, S. P-H. (2003). Extensive reading with EFL learners at beginning level. *TESL Reporter, 36*, 8-26.

Slowiaczek, M. L., & Clifton, Jr., C. (1980). Subvocalization and reading for meaning. *Journal of Verbal Learning and Verbal Behavior, 19*, 573-582.

Smith, F. (1973). Decoding: The great fallacy. F. Smith (Ed.), *Psycholinguistics and reading* (pp. 70-83). New York: Holt, Rinehart and Winston.

Sprecken, D.V., Kim, J., & Krashen, S. (2000). The home run book: Can one positive reading experience create a reader? *California School Library Journal, 23*, 8-9.

Suk, N. (2017). The effects of extensive reading on reading comprehension, reading rates, and vocabulary acquisition. *Reading Research Quarterly, 52*, 73-89.

Swain, M. (1995). Three functions of output in second language learning. G. Cook & B. Seidlhofer (Eds.), *principle and practice in applied linguistics* (pp. 125-144). Cambridge: Cambridge University Press.

Tagane,Y., Naganuma, N., & Dougherty, P. (2018). Academic dishonesty in extensive reading programs: Stories and strategies from student interviews. *The Language Teacher, 42*, 9-12.

Taguchi, E., Takayasu-Maass, M., & Gorsuch, G. J. (2004). Developing reading fluency in EFL: How assisted repeated reading and extensive reading affect fluency development. *Reading in a Foreign Language, 16*, 70-96.

Takase, A. (2004a). Investigating students' reading motivation through interviews. *Forum for Foreign Language Education, 3*. 23-38. Institute of foreign language education and research, Kansai University.

Takase, A. (2004b). Effects of eliminating some demotivating factors in reading English extensively. *JALT 2003 Conference Proceedings*. 95-103.

Takase, A. (2006). Teachers motivated by students' Extensive reading: A case study of teachers' motivation to start reading English books. *JALT 2005 Conference Proceedings*, 1086-1093.

Takase, A. (2007a). Japanese high school students' motivation for extensive L2 reading. *Reading in a Foreign Language, 19*, 1-17.

Takase, A. (2007b). *An effective way of implementing ER for high school students.* Paper presented at 15th KOTESOL, Seoul.

Takase, A. (2008). The two most critical tips for a successful extensive reading. *Kinki University English Journal, 1*, 119-136.

Takase, A. (2009). The effects of SSR on learners' reading attitudes, motivation, and achievement: A quantitative study. A. Cirocki (Ed.). *Extensive reading in English language teaching* (pp. 547-560). Munich: Lincom.

Takase, A. (2010). *The effectiveness of sustained silent reading in helping learners become independent readers.* Paper presented at 37th MEXTESOL International Convention/10th Central American and Caribbean Convention. Mexico: Cancun. 90-97.

Takase, A. (2011). Gender differences in extensive reading. *Kinki University English Journal, 7,* 55-72.

Takase, A. (2012a). *Effectiveness of ER on EFL Japanese university students' general English proficiency - The effects of SSR on the post-cloze test.* Paper presented at JALT ER SIG in Nagoya.

Takase, A. (2012b). The Impact of Extensive Reading on Reluctant Japanese EFL Learners. *The European Journal of Applied Linguistics and TEFL, 1,* 97-113. Munich: Lincom.

Takase, A. (2015). *Differences in vocabulary appearance between L1 children's picture books and Japanese JHS textbooks.* Paper presented at JALT Vocab. SIG. Fukuoka.

Takase, A. (2018). *How to combat academic dishonesty in extensive reading program.* Paper presented at the 1st Professional Development Conference at Kwansei Gakuin University.

Takase, A. (2019a). *Which should come first, extensive reading/listening or grammar teaching?* Paper presented at the AILA Literature in Language Learning and Teaching (LiLLT). University of Erfurt, Germany.

Takase, A. (2019b). *The impact of extensive reading/listening on facilitating grammar learning.* Paper presented at the 2nd Professional Development Conference at Kwansei Gakuin University.

Takase, A., & Nishizawa, H. (2010). Two critical tips to motivate EFL learners to read extensively. *Proceedings of the 42nd Annual Meeting of the British Association for Applied Linguistics,* 135-138. New Castle: Scitsiugnil Press.

Takase, A., & Otsuki, K. (2011). Key factors for an effective extensive reading program. The effectiveness of SSR on remedial students. *Proceedings of JACET 50th Commemorative International Convention.*

Takase, A., & Otsuki, K. (2012). New challenges to motivate remedial EFL students to read extensively. *Apples – Journal of Applied Language Studies, 6,* 75-94. University of Jyväskylä, Finland.

Taylor, I., & Taylor, M. M. (1983). *The psychology of reading.* New York: Academic Press.

Tinker, M. A. (1965). *Bases for effective reading.* Minneapolis: University of Minnesota Press.

United Nations (2015). Transforming our world: the 2030 Agenda for Sustainable Development. https://www.un.org/ga/search/view_doc.asp?symbol=A/70/L.1

Uozumi, K., Takase, A., & Nabei, T. (2013). *Impact of extensive reading on speaking.* Paper presented at 39th JALT Conference. Kobe.

Vartanian, O. (2015). The effect of working memory training on divergent thinking: Behavioral and neural evidence. A Paper Presented at the 123rd Annual APA Convention. Toronto: Metro Toronto Convention Centre.

Ward, J. (2010). *The student's guide to cognitive neuroscience (2nd ed.)* New York: Psychology Press.

Waring, R. (2009). *Promoting extensive reading.* Plenary Speech at the 2nd Annual Extensive Reading in Japan Seminar. JALT ER SIG, Kinki University.

Waring, R., & Takaki, M. (2003). At what rate do learners learn and retain new vocabulary from reading a graded reader? *Reading in a Foreign Language, 15,* 1-27.

Watanabe, H. (2014). Use of lexical stress information in silent reading and speech production by Japanese learners of English: Evidence from eye movement measurements and naming tasks. A thesis submitted to the Graduate School of Intercultural Studies, Kobe University.

Watanabe, H., & Yokokawa H. (2015). Use of lexical stress information in silent reading and speech production by Japanese learners of English: Evidence from eye movement measurements and naming tasks. *JACET Journal, 59,* 111-129.

Watters, G. S. (1985). The effects of concurrent tasks on reading: Implications for phonological recoding. *Journal of Memory and Language, 24,* 27-45.

Webb, S. (2007). The effects of repetition on vocabulary knowledge. *Applied Linguistics, 28,* 46-65.

Webb, S. (2008). The effects of context on incidental vocabulary learning. *Reading in a Foreign Language, 20*(2), 232-245.

Wen, Z, Mota, M. B., & McNeill, A. (Eds.) (2015). *Working memory in second language acquisition and processing.* Bristol: Multilingual Matters.

Wen, Z. (2016). *Working memory and second language learning.* Bristol: Multilingual Matters.

Whitehurst, G. J., Arnold, J. F., Epstein, N., Angell, A. L., Smith, M., & Fischel, J. E. (1994). A picture book reading intervention in day care and home for children from low-income families. *Developmental Psychology, 30,* 679-689.

Wolf, M. (2007). *Proust and the squid: The story and science of the reading brain.* New York: Harper Collins

Wydell, T. N., & Butterworth B. (1999). A case study of an English-Japanese bilingual with monolingual dyslexia. *Cognition 70,* 273-305.

Yamaoka, K. (2009). Japanese learners' changes through extensive reading in English ― the perspective of the affective domains ― A master thesis

196

submitted to the faculty of the graduate school of language and culture. Osaka University.

Yoshizawa, K., Takase, A., & Otsuki, K. (2012). *Can we treat EPER A & EPER E as alternate forms?* Paper Presented at JLTA（日本言語テスト学会第16回全国研究大会）. Sensyu University, Kanagawa.

Yoshizawa, K., Takase, A., & Otsuki, K. (2013). The effects of a teacher's guidance on Japanese university EFL learners' voluntary reading outside class.『外国語学部紀要』8, 133-150.

Yoshizawa, K., Takase, A., & Otsuki, K. (2014). Will extensive reading help learners' use of context while processing the text? *The Journal of extensive reading in foreign languages, 1,* 57-69.

Yoshizawa, K., Takase, A., & Otsuki, K. (2015). How *Effective is extensive reading to enhance EFL learners' syntactic competence?* Paper presented at ERWC3. Dubai

Yoshizawa, K., Takase, A., & Otsuki, K. (2017). *The effect of extensive reading on the development of grammatical knowledge and fluency: In case of Japanese EFL learners.* Paper presented at AAAL Conference, Portland, Oregon.

Yoshizawa, K., Takase, A., & Otsuki, K. (2018). How does extensive reading help Japanese EFL learners develop grammatical knowledge and reading fluency. *The Fourth Extensive Reading World Congress Proceedings,* 1-11.

Yoshizawa, K., Takase, A., & Otsuki, K. (2019). *Text reading fluency and reading comprehension among Japanese EFL learners in relation to extensive reading.* Paper presented at AAAL Conference, Atlanta, Georgia.

Yoshizawa, K., Takase, A., & Otsuki, K. (2019). *Growth in L2 reading proficiency and reading behaviors among different levels of readers in EFL context.* Paper presented at ERWC5 Taiwan.

Young-Suk, K., Chea, H. P. & Wagner, R. K. (2014). Is oral/text reading fluency a "bridge" to reading comprehension? *Reading and Writing, 27,* 79-99. http://www.ncbi.nlm.nih.gov/pmc/articles/PMC4313766/pdf/nihms657868.pdf

Zevenbergenn, A. A., & Whitehurst, G. J. (2003). Dialogic reading: A shared picture book reading intervention for preschoolers. V. Kleek, S. Astahl, E. B. Bauer, & J. J. Mahwah (Eds.), *Reading books to children: Parents and teachers* (pp. 177-200). Lawrence Erlbaum Associates.

泉恵美子・門田修平 (2016).『英語スピーキング指導ハンドブック』東京：大修館書店.

泉恵美子・田縁眞弓・川﨑眞理子 (2019).『低学年から始める英語短時間学習：すぐに使える活動アイディアと単元展開』東京：教育出版.

岩田誠 (1996).『脳とことば：言語の神経機構』東京：共立出版.

岩田誠（1998）.「Homo loquens の神経機構」日本認知科学会第 15 回大会招待講演．名古屋：名古屋大学．

岩田誠（2001）.「Homo loquens の神経機構」『失語症研究』21, 1-8.

魚住香子・髙瀬敦子（2016）.「多読を成功に導く要因：意識調査と読書記録手帳の精査から」『日本多読学会紀要』9, 25-42.

大槻きょう子・髙瀬敦子（2014）.「多読用図書教材としての L1 児童用英語絵本の人気の秘密：文科省英語教科書と比較して」『日本多読学会紀要』7, 11-26.

苧阪満里子（2002）.『脳のメモ帳：ワーキングメモリ』東京：新曜社．

鬼丸晴美（2013）.『英語授業に革命を起こす！　Part II 多読多聴授業』Sports DVD.　東京：ティアンドエイチ．

門田修平（1997）．視覚および聴覚提示文の処理における音声的干渉課題の影響『ことばとコミュニケーション』1, 32-44. 東京：英潮社．

門田修平（2006）.『第二言語理解の認知メカニズム：英語の書きことばの処理と音韻の役割』東京：くろしお出版．

門田修平（2010）.『SLA 研究入門：第二言語処理・習得研究のすすめ方』東京：くろしお出版．

門田修平（2012）.『シャドーイング・音読と英語習得の科学』東京：コスモピア．

門田修平（2014）.『英語上達 12 のポイント』東京：コスモピア．

門田修平（2015）.『シャドーイング・音読と英語コミュニケーションの科学』東京：コスモピア．

門田修平（2018）.『外国語を話せるようになるしくみ』東京：SB クリエイティブ．

門田修平（2020）.『音読で外国語が話せるようになる科学』東京：SB クリエイティブ．

門田修平（編著), 池村大一郎・中西義子・野呂忠司・島本たい子・横川博一（2003）.『英語のメンタルレキシコン：語彙の獲得・処理・学習』東京：松柏社．

門田修平・玉井健（2004）.『決定版英語シャドーイング』東京：コスモピア．

門田修平・西山正秋（2005）.「英語リーディング時の眼球運動基礎データ：日本人英語学習者に対する予備的検討」『英語教育音声学と学際研究・日本英語音声学会中部支部創立 10 周年記念論文集』pp. 205-213.

門田修平・長谷尚弥・氏木道人・ショーンホワイト（2020）.『英語はリーディングだ：英語の総合力を伸ばす読み方』東京：南雲堂．

門田修平・長谷尚弥・横川博一・吉田晴世・倉本充子・釣井千恵・山科美和子・吉田信介（2007）.『日本人英語学習者によるガーデンパス文の処理メカニズム：眼球運動データに基づく検討』平成 16 年度〜平成 18 年度科学研究費補助金〈基盤研究（C）(2)〉研究成果報告書．

門田修平・野呂忠司・長谷尚弥・氏木道人（2014）.『英単語運用力判定ソフトを使った語彙指導（CD-ROM 付）』東京：大修館書店．

川島幸希（2000）.『英語教師　夏目漱石』　新潮社．

198

川島隆太（2003）.『脳を鍛える大人の音読ドリル』東京：くもん出版.

川島隆太・鹿野晴夫（2006）.『川島隆太教授のいちばん脳を鍛える「英語速音読」ドリル』東京：IBC パブリッシング.

木下徹（2007）.「母語が違うと英語の情報処理時の負荷が異なるか」『英語教育』56(11), 26-28.

國弘正雄（1970）.『英語の話し方』東京：サイマル出版社.

國弘正雄・千田潤一（2004）.『英会話・ぜったい音読 続標準編』東京：講談社インターナショナル.

齋藤孝（2001）.『声に出して読みたい日本語』東京：草思社.

佐伯胖・渡部信一（2010）.『「学び」の認知科学事典』東京：大修館書店.

酒井邦秀（2002）.『快読100万語！ ペーパーバックへの道』東京：ちくま学芸文庫.

酒井邦秀・神田みなみ（編著）（2005）.『教室で読む英語100万語：多読授業のすすめ』東京：大修館書店.

酒井邦秀・佐藤まりあ（2006）.『ミステリーで始める英語100万語』東京：コスモピア.

三宮真智子（編）（2008）.『メタ認知：学習力を支える高次認知機能』京都：北大路書房.

首藤久義（1975）.「「読み」の学習と教育：メリット統合の視点 日本語の表記体系と子どもの学習・発達過程に即して」『読書科学』19(3), 69-85.

鈴木寿一（1998）. 音読指導再評価 – 音読指導の効果に関する実証的研究『LLA（語学ラボラトリー学会）関西支部研究集録』7, 13-28.

鈴木寿一（2009）.「「音読」こそがすべての基本：音読指導で生徒の英語力を向上させるためのQ&A」『英語教育』58(9), 10-12.

鈴木寿一・門田修平（2012）.『英語音読指導ハンドブック：フォニックスからシャドーイングまで』東京：大修館書店.

相馬芳明（1997）.「音韻性（構音性）ループの神経基盤」『失語症研究』17, 149-154.

髙瀬敦子（2008）.「やる気を起こさせる授業内多読」『近畿大学英語研究紀要』2, 19-36.

髙瀬敦子（2015）.『英語多読・多聴指導マニュアル』東京：大修館書店.

髙瀬敦子（2017）.「多読準備としての絵本の読み聞かせ効果」『日本多読学会紀要』10, 57-72.

高橋登（1997）.「幼児のことば遊びの発達"しりとり"を可能にする条件の分析」『発達心理学研究』8(1), 42-52.

直山木綿子（2018）.『新学習指導要領編 No. 12：新小学校学習指導要領における外国語活動及び外国語科の指導の在り方の要点』文部科学省教育課程課国際教育課外国語教育推進室. Retrieved from https://www.youtube.com/watch?v=LEq32-0xVGo

西澤一（2019a）.「100万語達成までの図書と読み方」日本多読学会　第12回関西多読指導者セミナー発表. 関西大学.

西澤一（2019b）.「始めてみよう♪英文多読」豊田市中央図書館発表.

馬場悠男（2018）.『NHKスペシャル人類誕生』東京：学研プラス.

古川昭夫・川手真理子・酒井邦秀（2003）『今日から読みます100万語』東京：日本実業出版社.

古川昭夫・神田みなみ・黛道子・宮下いづみ・畑中貴美・佐藤まりあ・西澤一（2013）.『英語多読完全ブックガイド』第4版. コスモピア.

船橋新太郎（2003）.「ワーキングメモリにおける実行系機能」日本心理学会第67回大会. 東京：東京大学.

黛道子・宮津多美子（2012）.「多読の効果を高めるには：読書傾向の考察から」『日本多読学会紀要』6, 60-71.

黛道子・浅野恵子・菅野秀宣・中島円・三橋匠（2015）「多読する脳：MRIを用いた多読時の脳賦活部位の同定」日本多読学会発表. 順天堂大学.

メイスン紅子（2015）.『Free Voluntary Reading with Story-Listening. 語り聞かせと自主的にする読書』東京：青山社.

文部科学省初等中等教育局特別支援教育課（2012）.「通常の学級に在籍する発達障害の可能性のある特別な教育的支援を必要とする児童生徒に関する調査」調査結果. 平成24年12月5日 https://www.mext.go.jp/a_menu/shotou/tokubetu/material/__icsFiles/afieldfile/2012/12/10/1328729_01.pdf

安木真一（2010）.『英語力がぐんぐん身につく！驚異の音読指導法54』東京：明治図書出版.

安福勝人（2010）.「中高での多読授業」日本多読学会　第3回 関西多読新人セミナー発表. 近畿大学.

安福勝人（2013）.「多読と文法学習」日本多読学会 第6回 関西多読新人セミナー発表. 大阪経済大学.

湯澤美紀・湯澤正通・関口道彦（2009）.「日本人幼児の英語音韻習得のプロセスに関する研究：音韻的作動記憶、音韻認識、日本語語彙量からの検討」『発達研究』23, 189-200.

吉澤清美・髙瀬敦子・大槻きょう子（2017）.「多読は日本人英語学習者の文法能力の向上にどのように影響するのか」『日本多読学会紀要』10, 7-28.

吉村貴子・前島伸一郎・大沢愛子・苧阪満里子（2016）.「言語流暢性課題に現れた認知症のワーキングメモリの特徴：言語流暢性課題にはワーキングメモリの中央実行系が関連する可能性がある」『高次脳機能研究』36, 484-491.

渡邊正孝（2004）.「ワーキングメモリと動機づけに果たす前頭連合野の役割」ワーキングメモリ：基礎と応用（2004年2月）講演. 京都：京都大学.

渡邉政寿・大場浩正（2018）.「教室内英語多読が日本人高校生の作文力に与える効果」『日本教科教育学会誌』41, 73-84.

索 引

門田 修平(かどた しゅうへい)

関西学院大学・大学院教授　Tryon 社フェロー(顧問)　博士(応用言語学)

専門は心理言語学、応用言語学。著書に、『SLA 研究入門』(くろしお出版)、『英語上達12のポイント』(コスモピア)、*Shadowing as a Practice in Second Language Acquisition*(Routledge)、『音読で外国語が話せるようになる科学』(SB サイエンス・アイ新書)など多数。

髙瀬 敦子(たかせ あつこ)

岩野英語塾講師　博士(教育学)

専門は TESOL。IBM 勤務、英語教室経営、中学校・高等学校非常勤講師、近畿大学特任講師などを経て現職。Extensive Reading Foundation(国際多読教育学会)理事。著書に、『英語多読・多聴指導マニュアル』(大修館書店)、『話せる！英語シャドーイング』(コスモピア)など。

川﨑 眞理子(かわさき まりこ)

新潟経営大学教授　博士(言語コミュニケーション文化)

専門は心理言語学、小学校英語。外資系企業秘書、英語教室経営、企業英語講師、関西学院大学助教を経て現職。著書に、『英語音読指導ハンドブック』(大修館書店)、『低学年から始める英語短時間学習 すぐに使える活動アイディアと単元展開』(教育出版)、大学教科書『Real Writing』(南雲堂)など。

英語リーディングの認知科学——文字学習と多読の効果をさぐる

初版第 1 刷 ————2021年11月24日

著　者 ————門田修平・髙瀬敦子・川﨑眞理子

発行人 ————岡野秀夫

発行所 ————株式会社 くろしお出版

〒102-0084　東京都千代田区二番町4-3
[電話] 03-6261-2867　[WEB] www.9640.jp

印刷・製本 三秀舎　装　丁 庄子結香